*Helga Levend*
Einsamkeit

Helga
Levend

# Einsamkeit

## Die Stille nach innen

*Für Ursula Rimele*

Die Deutsche Bibliothek – CIP-Einheitsaufnahme
Levend, Helga:
Einsamkeit: die Stille nach innen / Helga Levend. –
Würzburg: Echter, 2000
ISBN 3-429-02249-5


Umschlag: Uwe Jonath (Foto: Gettyone Stone)
Gesamtherstellung: Clausen & Bosse GmbH, Leck
ISBN: 3-429-02249-5

# Inhaltsverzeichnis

»Denn jeder sucht ein All zu sein
und jeder ist im Grunde Nichts.«
August von Platen (1796–1835)

## Vorwort
## oder: Einige Gründe, dieses Buch zu schreiben

»Are you lonesome tonight?« Mit diesem Song eroberte Elvis Presley einst die Herzen des Publikums. Elvis besaß 40 Fernseher. Er konnte das Alleinsein, die Stille eines Zimmers nicht ertragen. Um sich nicht einsam zu fühlen, mußte er die Stimmen anderer Menschen hören, und sei es auch nur über den Äther.

Wer kennt es nicht, das bedrückende Gefühl des Alleinseins und der zeitweiligen Einsamkeit? Bei meiner Arbeit an diesem Buch habe ich erfahren, wie viele junge Menschen es gibt, die sich einsam und verlassen fühlen, sobald sie allein in ihrem Zimmer oder in ihrer Wohnung sind. Wie Elvis können sie die Stille eines leeren Zimmers, einer leeren Wohnung nicht ertragen.

Wer sich einsam fühlt, der kann heute im Fernsehprogramm herumzappen, um sich von Einsamkeitsgefühlen abzulenken. Er kann zum Telefonhörer greifen oder ›online‹ gehen und im Internet surfen, um aus einem einsamen Stimmungstief herauszukommen. Via Telefon und via PC spielt es keine Rolle, ob man sich gerade häßlich und niedergedrückt fühlt und deshalb lieber in den eigenen vier Wänden bleibt. Über die Zwischenschaltung der Kommunikationsmittel Telefon und PC kann man so tun, als ob alles in Ordnung wäre, und sogar seine Träume, wie man gerne sein möchte, phantasievoll ausgestalten. »Wenn ich am PC sitze, meine e-mails absende, sieht mich keiner«, sagte mir eine Studentin während unseres Interviews.

Gerade in der heutigen Zeit, die so viel an Abwechslung und neuen Kommunikationsmöglichkeiten bietet, scheinen junge

Menschen sich häufig sehr einsam zu fühlen. Aber andauernde oder zeitweilige Einsamkeitsgefühle des Menschen sind nicht allein ein Phänomen unserer Zeit.

»Hundert Jahre Einsamkeit« heißt ein Buch des Schriftstellers Gabriel García Márquez, der 1928 in Kolumbien geboren wurde. Das Buch erzählt die Geschichte einer Familie, die von der Außenwelt durch Sümpfe, Urwald und eine weite Sierra abgeschnitten ist und der es gelingt, ein Dorf zu gründen. Es erzählt Geschichten von Geburt und Sterben, von Verlusten im Leben. Es erzählt von Triumphen und Niederlagen einzelner Familienmitglieder, von Mißverständnissen innerhalb der Familie, von notwendigen, selbst gewollten Trennungen und gewaltsamen Trennungen, von der Ausstoßung einzelner Familienmitglieder aus der Gemeinschaft. Es erzählt die Tragödien von Verlorenheit und Einsamkeit, die ein einzelner Mensch im Laufe seines Lebens durchmachen muß, um sich selbst zu finden, oder genauer, um zu erkennen, was seine Ziele sind, und auch zu diesen Zielen stehen zu können. In dem Mikrokosmos der Großfamilie Buendia, ihrem Aufstieg und Niedergang, spiegelt sich auch das Naturgeschehen des Makrokosmos von Aufstieg, Niedergang und Neuschöpfung wider, in dessen Angesicht der Mensch wie ein Nichts erscheint, und welche Anstrengungen er unternimmt, um seinem Leben einen Sinn abzuringen.

»Wir rechnen unser Dasein, kaum weiß ich warum, vom Datum unseres ersten jämmerlichen Erscheinens in dieser Welt, sozusagen von unserer ersten Niederlage an; denn kein Schauspieler könnte hilfloser die Bühne betreten.« Das schrieb der weltberühmte englische Schriftsteller Robert Louis Stevenson. Und er fügt hinzu: »Spähen wir nicht noch weiter zurück, was als neugierig gelten könnte, sonst finden wir in der Folge viele rührende und einschneidende Ereignisse im Dasein aller, die ebenso als logischer Anbeginn gelten könnten wie die Geburt.« Viele seiner Erzählungen sprechen von der Einsamkeit des Menschen und von gescheiterten Utopien, intellektuellen Versuchen und Anstrengungen, sie zu

überwinden. Gerade deshalb sind seine Werke bis heute so interessant und aktuell.
Unser Leben in dieser Welt beginnt mit einer Trennung, der Trennung aus der Einheit mit dem nährenden Mutterleib. An dieser Trennung haben wir in der Phase der Geburt heftig mitgewirkt, weil wir aus dem engen Mutterleib herauskommen wollten, oder wir haben uns gesträubt, weil wir Angst vor der Trennung hatten. Aus der medizinischen Forschung ist heute bekannt, daß das ungeborene Kind durchaus nicht wie ein Parasit im Mutterleib lebt, daß es nicht geschützt ist vor den Gefühlen und Ängsten der Mutter und des Vaters. Schon im Mutterleib kann es hören. Es kann die Stimmen der Eltern unterscheiden. Wie der Ozean kein Paradies ist, ist auch die Gebärmutter für den werdenden Menschen kein Paradies, sondern eine Vorbereitung auf sein Erdenleben, das seine Höhen und Tiefen in sich birgt. In dem frühen Stadium des Menschwerdens werden unsere Einstellungen zum Leben mitgeprägt. Hier können sich auch schon ganz frühe Erfahrungen des Verlassenseins entwickeln. Das ungeborene Kind spürt, ob es in dieser Welt willkommen ist oder nicht. Es spürt, ob die Eltern sich ihm zuwenden oder nicht. Dazu mehr im Kapitel ›Einsamkeit und Gemeinsamkeit‹.
Wer allein lebt, wer sich verloren und einsam fühlt, wer dann ein Buch zur Hand nimmt und liest, sich von den erzählten Geschehnissen berühren läßt, der hat schon den ersten Schritt getan, um seine Einsamkeit zu überwinden. Auch wenn er es nicht sofort zu erkennen vermag. Er erfährt, daß er in seiner Einsamkeit nicht allein ist, daß sie von anderen geteilt und mitgeteilt wird. Und er erfährt etwas über die Ursachen, weshalb Menschen sich einsam fühlen. Jeder Mensch durchläuft in seinem Leben immer wieder Phasen, in denen er sich einsam fühlt. Jedes Buch ist zwangsläufig ein Produkt der Einsamkeit, auch wenn nichts über Einsamkeit darin steht. »Wenn A. sich in seinem Zimmer hinsetzt, um das Buch eines anderen zu übersetzen, ist es, als dringe er in die Einsamkeit dieses anderen ein und mache sie zu seiner eigenen«,

heißt es bei dem Schriftsteller Paul Auster. »Sobald eine Einsamkeit durchbrochen ist, sobald sie von jemand anderem mitgetragen wird, ist es keine Einsamkeit mehr.« Wer allein lebt, muß deshalb nicht einsam sein. Davon wird in mehreren Kapiteln des Buches die Rede sein.
Von der Bibel angefangen, handeln alle Bücher, die ihre Zeit überdauert haben, mehr oder weniger von der Angst vor der Einsamkeit, die wir in uns spüren, von der gelungenen oder mißlungenen Verdrängung oder Überwindung der Angst vor der Einsamkeit, von kurzen oder langen Phasen der Einsamkeit im Leben eines Menschen und wie er sie für sich gemeistert oder nicht gemeistert hat.
Edgar Allan Poe z. B. mußte schon als kleines Kind all die Gefühle von Angst und Unsicherheit ertragen, die das Alleinsein mit sich bringt. Edgar Poe war gerade 18 Monate alt, als der Vater Mutter und Sohn verließ, um für immer spurlos zu verschwinden. Wiederum ein Jahr später, bald nach der Geburt ihres zweiten Kindes, einer Tochter, starb Edgars Mutter. Zeit seines Lebens hat der Dichter seine frühen Gefühle des Verlassenseins in der Welt nicht verwunden. Trotz aller Zuwendung und Aufmerksamkeit von Menschen, die ihm nahe standen, die er selbst liebte, blieb er ein einsamer Mensch. Sein Leben hat er nicht gut gemeistert. Doch wurde er ein meisterhafter Erzähler all jener unheimlichen Gefühle, die Menschen bedrängen können, wenn sie sich allein gelassen fühlen, und jener unguten Einsamkeit, in die sich Menschen wie in einen Panzer verschließen können, um nur noch ihrem Schmerz und ihrer Sehnsucht um das Verlorene zu leben, so daß nichts mehr, was um sie herum geschieht, wirklich zu ihnen dringen kann. Seinen Ruhm hat Edgar Allan Poe nicht mehr erlebt. Es bleibt fraglich, ob er ihn hätte genießen können, ob dieser Ruhm ihn aus seinen Einsamkeitsgefühlen hätte befreien können. Einsamkeit hat viele Gesichter und Facetten. In jedem Kapitel dieses Buches sind ganz alltägliche Beispiele darüber zu finden.
Wer allein ist oder wer sich einsam fühlt, redet nicht gern dar-

über. Wer allein ist, der ist ›irgendwie selber schuld‹, der ist nicht ›gesellschaftsfähig‹. Dieses gesellschaftlich geprägte Bild kann leicht zum Selbstbild und zu einer sich selbst vollziehenden Prophezeiung werden.
Als ich Kollegen, Freunden und Freundinnen erzählte, ich wolle ein Buch über Einsamkeit schreiben, in dessen Mittelpunkt junge Menschen stehen sollen, stieß ich auf ein skeptisches Lächeln. Unerwartet begegnete ich verschlossenen Blicken und Gesichtern. ›Warum gerade junge Menschen?‹ So lautete die eine der vielen Fragen, die mir entgegengehalten wurde. Fest steht jedenfalls, alle reagierten mit abwehrenden Fragen, deren entmutigenden Tenor ich hier wiedergebe:
›Hoffentlich hast du dir da nicht zuviel vorgenommen.‹
›Warum denn das? Bist du etwa einsam?‹
›Du willst doch nicht mich dazu interviewen?‹
›Willst du etwa über die Massengesellschaft und die Vereinzelung des Menschen und seine Selbstentfremdung in dieser Gesellschaft schreiben? Das ist Aufgabe der Soziologen. Die haben sich nun weiß Gott genug über das Thema ausgelassen.‹ Niemand sagte: ›Oh, das finde ich gut, über Einsamkeit zu schreiben.‹ Ich fühlte mich allein gelassen. Mein Telefon verstummte. Anscheinend wollte niemand mehr etwas mit mir zu tun haben. In Wirklichkeit bin ich es gewesen, die verstummte. Da ich mich in meine Arbeit stürzte und niemanden mehr anrief, wie konnte ich erwarten, daß mich jemand anrief? Respektierte nicht jeder meine Ruhe, die ich zum Arbeiten brauche? So positiv konnte ich es nicht sehen.
Sich mit dem Problem des Alleinseins und der Einsamkeit zu befassen, setzt voraus, daß man es selber kennt und bewußt erlebt hat. Ich gebe zu, daß ich mich schon sehr oft in meinem Leben allein und einsam gefühlt habe. Zuerst als Kind, dann in der Pubertät und später als Frau, die erwachsen sein sollte. Ohne indiskret zu werden, ohne Selbsterkenntnis und Selbstbekenntnis, ist dem Phänomen der Einsamkeit nicht beizukommen.
Dieses Buch lädt Sie ein zu einer Entdeckungsreise in die Ge-

filde des Alleinseins und der Einsamkeit. Was Sie entdecken werden: Wer sich allein und einsam fühlt, steht mit diesem Gefühl gar nicht so allein da, wie er vielleicht glaubt. Die Tagebuchaufzeichnungen, Interviews und die Zitate aus der Literatur in den verschiedenen Kapiteln des Buches stehen als Zeugnis dafür.

Mein ganz persönlicher Dank gilt all denjenigen, die mir ihre Tagebuchaufzeichnungen anvertraut haben und die bereit waren, mit mir über ihre Einsamkeitsgefühle zu sprechen, und zugestimmt haben, beides in diesem Buch zu veröffentlichen, manchmal unter ihrem eigenen Namen, manchmal unter einem anderen, selbst gewählten Namen.

*Helga Levend*

# I. Massenkultur und Vereinzelung

## Psychosoziale Hintergründe der Vereinsamung

*Armin – Die Band war mein Leben*

Das Spiel auf der klassischen Gitarre hat ihm der ältere Bruder beigebracht. Armin war noch ein Kind. Und jeden Tag übte und spielte er ein paar Stunden die Lieder, die er von seinem Bruder gelernt hatte. Später kamen neue Lieder hinzu. Eine Musikschule hat Armin nie besucht. Für Armin war die Musik und die Band, die er in jungen Jahren zusammen mit einem Freund gegründet hatte, einfach alles. »Diese Band und die Gruppe waren mein Leben. Wir wurden zu Auftritten eingeladen, kleinen Auftritten versteht sich. Mal in einem Lokal, mal zu irgendwelchen privaten Festlichkeiten. Und wir verdienten sogar Geld dabei. Ein bißchen hatte sich die Musik, die wir machten, herumgesprochen. Das Geld, das wir verdienten, haben wir unter uns verteilt, anteilig. Wer arbeitslos war oder studierte, bekam mehr Geld. Nach jedem Auftritt und bei jeder Kassette, die wir danach verkaufen konnten, gerieten wir in Freudenstimmung und haben unser eigenes Fest mit viel Alkohol gefeiert. Leben, mit allem was so dazu gehört, konnten wir von unseren Einnahmen nicht. Aber danach fragten wir in diesen Momenten nicht.«

Als es die Band noch gab, hatte Armin viel zu tun und zu organisieren. Die Proben der Band fanden täglich statt. Anfangs war es leicht, für jeden Tag eine feste Uhrzeit für die Probe zu bestimmen. Er hatte einen Raum dafür gefunden. Schwieriger war es für ihn und seinen Freund, jedes Mal einen geeigneten Raum für die Aufnahmen zu finden. Aber auch das wurde leichtgenommen und überwunden, obwohl es viel Zeit kostete. Sein Studium hat Armin darüber vergessen. Die Freundin manchmal auch. In seiner freien Zeit übte er sich weiter im Gitarrenspiel, auf der elektrischen Gitarre und auf der klassischen Gitarre. Er schrieb Texte, die er vertonen wollte, darunter auch Liebeslieder. Er schreibt noch immer Lieder. Die Freundin, für die er seine Liebeslieder schrieb, hat ihn verlassen. Der Poet und Träumer paßte nicht mehr in ihr Leben. Die Band existiert nicht mehr. Was für Armin das Leben war, war für die anderen Mitglieder der Gruppe eher ein Hobby, ein Hobby, dem sie sich so lange intensiv widmeten, bis Beruf, Karriere und Familie für sie wichtiger wurden. Armin ist enttäuscht. Er fühlt sich allein gelassen. »An die Zukunft habe ich nie gedacht. Vielleicht habe ich phantasiert, wir bleiben ewig über die Musik zusammen.«

### *Petra – Ich kann nicht allein in ein Lokal gehen, dazu fehlt mir der Mut*

Petra kommt aus einer kleinen Stadt in Norddeutschland. Seit zwei Semestern studiert sie in Heidelberg Romanistik. Die große Universität ist ihr noch immer nicht vertraut. »Ich fühle mich da irgendwie verloren.« In der Mensa spricht sie hin und wieder mit Kommilitoninnen oder Kommilitonen. Freundinnen oder Freunde hat sie noch nicht gefunden. Sie vermißt die Clique ihrer Heimatstadt, mit der sie früher ihre Freizeit verbracht hat. Abends und an den Wochenenden bleibt sie in ihrer Einzimmerwohnung, die in einem Vorort von Heidelberg liegt. »Wenn am Abend die Bürgersteige hochgeklappt werden, setze ich mich vor meinen PC und surfe ein bißchen im Internet, da kenne ich mich inzwischen aus.« Petra fühlt sich manchmal einsam. »Besonders die Samstage und Sonntage sind ziemlich schlimm. Ich kann nicht allein in ein Lokal gehen, dazu fehlt mir der Mut. Das sieht doch so aus, als ob ich Anschluß suchte.«

So wie Petra und Armin geht es vielen jungen Menschen, ob sie nun studieren, bereits im Berufsleben stehen oder noch zur Schule gehen. Sie fühlen sich manchmal allein und einsam. Dies aus unterschiedlichen Gründen.

In den westlichen Industrieländern scheint das Problem der

Einsamkeit zu wachsen. 1970 beklagte die Schriftstellerin Irmtraud Morgner, daß es keinen Wissenschaftszweig gäbe, ein so alltägliches Phänomen wie das der Einsamkeit zu erforschen. Fast zur gleichen Zeit wurden in Amerika die ersten Studien auf diesem Gebiet durchgeführt. Der Soziologe Robert Weiss gilt als der Vater der Einsamkeitsforschung. Er fand heraus: etwa 60 Millionen Amerikaner, also ein Viertel der Bevölkerung Amerikas, fühlt sich oft einsam.

Das Gefühl, einsam zu sein, ›ist ein Millionenschicksal‹, sagen inzwischen auch die Wissenschaftler hierzulande. In Deutschland fühlt sich jeder vierte bis fünfte Mensch häufig einsam und hätte gern mehr Kontakt zu seinen Mitmenschen. Die meisten Erwachsenen kommen statistisch gesehen täglich höchstens mit zehn anderen Personen ins Gespräch. Aber diese Zahl ist wohl sehr hoch gerechnet und sagt nichts über die Qualität der Gespräche aus. »Zehn Gespräche am Tag, das wäre schon fast zu viel für mich«, sagt Petra. »Ich spreche am Tag höchstens mit zwei oder drei Menschen, und das auch nur oberflächlich. Manchmal gibt es Tage, da spreche ich mit niemandem, außer mit mir selbst.«

Und noch etwas haben Wissenschaftler herausgefunden: Es sind mehr junge Menschen als ältere Menschen, die sich einsam fühlen.

Sozialwissenschaftler sprechen in diesem Zusammenhang gern von der Massenkultur und Massengesellschaft, die zur Vereinzelung des Menschen führt, weil die Gemeinschaftsstrukturen zerbröckelt sind, weil es an Orten fehlt, an denen sich Menschen wirklich begegnen können. Der Weg in die soziale Isolation wird erleichtert durch unsere Gesellschaft, die ›Schneckenhäuser‹ aller Art für den Menschen bereitstellt (Robert Jungk): das Einfamilienhaus mit Garten, die Einfamilien- oder Single-Wohnung in einem Hochhaus, den Fernsehsessel, in den man sich nach getaner Arbeit zurückzieht, der billige, hoch frequentierte Supermarkt auf der Grünen Wiese, der den Einkaufsladen um die Ecke mit persönlicher Bedienung fast ganz verdrängt hat. Im Supermarkt schaut

man nicht nach einem bekannten Gesicht, sondern nur auf die Preise und auf die Uhr.
Ähnlich geht es an den Universitäten zu. In der Mensa schaut man auf die Schlange vor der Theke und auf die Uhr. Beim Essen zeigt man, daß man es sehr eilig hat, keine Zeit verlieren will. Zeit zu haben gilt heute als unpassend. Und die Universitäts-Bibliothek ist auch kein Ort für Gespräche, sondern ein Verleihhaus und ein Platz zum Arbeiten.
In den Vororten der Städte hat das einzige Café schon am frühen Abend geschlossen. Ecklokale gibt es hier nicht. Vor der Einheitsfront kahler Hochhäuser, treffend als Wohnwände bezeichnet, halten sich tagsüber ein paar Mütter mit ihren Kindern auf dem Spielplatz auf. Die räumliche Trennung zwischen dem privaten Leben und dem Berufsleben wurde einmal als Fortschritt gefeiert. Inzwischen wissen wir, daß diese Trennung Menschen voneinander isoliert.

## Individualismus und Vereinzelung sind zwei Seiten einer Medaille

Die Konsumgesellschaft fördert den Trend zur Individualisierung und zur sozialen Isolierung des Menschen. Heute gilt es fast schon als ›chic‹, ein Single zu sein. Wohngemeinschaften sind nicht mehr so ›in‹ wie früher. Autonomie, Individualismus und Selbstverwirklichung sind ideologisch hoch besetzte Begriffe in unserer Gesellschaft. Doch werden sie meistens mit der Freiheit zu konsumieren gleichgesetzt. Das Gefühl der Zugehörigkeit zu einer Gruppe wird mit dem richtigen Markenpulli oder dem richtigen Markenfahrrad erkauft. Dabei kann der Markenartikel auch wechseln. Was heute noch ›in‹ war, ist morgen wieder ›out‹. Der Körper wird durch das ›Outfit‹ zum Plakat. Man läßt sich piercen oder tätowieren. Oft beginnt dieser Trend schon in der Schule. Wer da nicht so richtig mithalten kann oder will, kommt sich schnell ausgeschlossen vor. Oder er geht selbst auf Distanz, um sich nicht ausgeschlossen zu fühlen. Individualismus und soziale Vereinzelung sind die zwei Seiten einer Medaille.

Nicht nur die Lebensbedingungen in den anonymen Metropolen und der Zwang zu konsumieren, auch der Konkurrenz- und Leistungsdruck auf dem Arbeitsmarkt, der sich im Zeichen der Globalisierung verstärkt, begünstigt die Vereinzelung des Menschen. Dem permanenten Konsumzwang steht auf der anderen Seite die hohe Zahl der Arbeitslosen gegenüber. Mangelnde Aussichten, sich nach den Studien- und Lehrjahren erfolgreich im Arbeitsleben einsetzen zu können, drohende Arbeitslosigkeit, das sind objektive gesellschaftliche Gründe, die Gefühle von Minderwertigkeit und Außenseitertum aufkommen lassen können.

Wer in jungen Jahren trotz guter Fähigkeiten, trotz guter Zeugnisse, Engagement und Interesse am Lernen auf eine Wirtschaftssituation stößt, die ihm keine Zukunftsperspektiven für die eigene Lebensplanung, für den Weg in ein selbständiges Leben eröffnet, wer statt dessen auf schlecht bezahlte Jobs ausweichen muß, wer nach der Lehre in die Arbeitslosigkeit entlassen wird, der kommt sich schnell überflüssig vor. Wer nach dem Studium der Rechtswissenschaft, der Geisteswissenschaften, der Betriebswissenschaft oder Volkswirtschaft sich dareinfinden muß, weiter Taxi zu fahren oder zu kellnern, der fühlt sich nicht akzeptiert. Wer von denen, die Arbeit zu vergeben haben, nur als Wirtschaftsfaktor und nicht als Person mit Engagement und förderungswürdigen Fähigkeiten gesehen wird, der scheint guten Grund zu haben, eine ›Null-Bock-Mentalität‹ zu entwickeln. »Das erfahrene Desinteresse an der Person kann Gefühle der Gleichgültigkeit und Sinnlosigkeit wecken. Wer nach der vierzigsten Bewerbung wieder eine Absage erhalten hat, der fühlt sich als Versager«, so der Psychologe und Einsamkeitsforscher Eberhard Elbing.

Um dem Gefühl zu entgehen, versagt zu haben, erscheint der Ausweg, sich dieser Gesellschaft zu verweigern, angemessen.

Etwa nach dem Motto: ›Wenn ihr mich nicht wollt, wenn die Gesellschaft mich nicht will, dann will ich die Gesellschaft auch nicht, dann stelle ich mich gegen sie.‹

*Karsten – Sucht kommt von Sehnsucht*

»Der Drang der Kids in all den Wohnsilos Deutschlands nach immer mehr Drogen, den es ja so nach offizieller Lesart gar nicht geben dürfte, wirft ein grelles Licht auf unser Homeland. Der Markt, dieses An- und Verkaufs-System, nach dessen Gesetzen dieses Land funktioniert, kann dem Sinnsuchen seiner jungen Generation nur mit jämmerlichen Surrogaten abhelfen«, so äußert sich Karsten, und er fügt noch hinzu: »Sucht kommt von Sehnsucht.«
In der Massengesellschaft ist es schwierig, Bindungsgefühle zu entwickeln und zu leben. Der Moralkodex der Eltern wird durch den Moralkodex wechselnder Peer Groups ersetzt und ändert sich daher schnell. Der Narzißmus heutiger Prägung äußert sich weniger in der Selbstliebe, sondern in Beziehungs- und Arbeitsschwierigkeiten, im Mangel an produktiven Energien, in Resignation und bedrückter Vorsichtigkeit. Der moderne Narziß wendet sich ab von der Welt und wendet sich dem eigenen Ich ohne Liebe zu. Alles Erlebte wird für ihn zur kritischen Selbstdefinition. »Aber wie kann ein Mensch sich selbst finden und selbst definieren, ohne den Spiegel des anderen, ohne den Spiegel langfristig verbindlicher ethischer Werte?«, gibt der Psychologe Eberhard Elbing zu bedenken.
Der Mangel und Zweifel an gemeinsamen Wert- und Moralvorstellungen oder deren Zersplitterung bilden den soziokulturellen Hintergrund unserer Zeit. Eine Gesellschaft, die ihren Mitgliedern in dieser Hinsicht wenig Perspektiven anzubieten hat, die Gründe genug liefert, an vielen ihrer Normen und Werte zu zweifeln, darf sich nicht wundern, wenn an ihren Rändern Protest- und Subkulturen entstehen, wenn Menschen in Sekten Zuflucht vor ihren Einsamkeitsgefühlen

suchen. Das war schon immer so. Gerade von den Subkulturen erhoffen sich manche Menschen die Unterstützung und Akzeptanz, die sie sonst in der Gesellschaft nicht erfahren. Und zweifellos sind von vielen Protestkulturen auch immer wieder wichtige Impulse ausgegangen, die zu gesellschaftlichen Veränderungen geführt haben. Oft waren es Protest- und Subkulturen, die die ›versteinerten gesellschaftlichen Verhältnisse zum Tanzen gebracht haben‹. Denken wir hier nur an die antiautoritäre Studentenbewegung, an die Frauenbewegung und die ökologische Bewegung. Ihren Biß und ihren innovativen Charakter haben diese Bewegungen allerdings schon lange verloren.
Neuerungen und Wissenszuwachs hat es in jedem Jahrhundert gegeben. Und immer waren große Teile der Gesellschaft zunächst davon ausgeschlossen. Ausgeschlossen waren diejenigen, die arbeiten mußten und kaum Zeit für ihre Bildung hatten. Doch in den letzten Jahrzehnten des vergangenen Jahrhunderts beschleunigte sich der Wissenszuwachs so rasant – erinnert sei hier nur an die Informationstechnologie und die Erkenntnisse der Genforschung –, daß die Fortschritte und die Durchdringung dieses neuen Wissens samt aller negativen Folgen selbst von Experten kaum geleistet werden können. Der beschleunigte Wissenszuwachs gehört zu dem sozio-kulturellen Hintergrund, vor dem jeder Mensch heute seine berufliche Karriere planen muß. Lebenslanges Lernen ist sicher gut und angesagt. Aber wie soll es organisiert wenn, wenn sich alles so schnell verändert? Wie und wohin soll man sich orientieren? Die neue Informationstechnologie und die Zusammenschlüsse großer Konzerne auf nationaler und internationaler Ebene führen nicht nur zu Massenentlassungen, sie verändern die bisherigen beruflichen Organisationsstrukturen der Konzerne und des Arbeitsmarktes schneller, als ein einzelner Mensch das durchschauen und nachvollziehen kann. Wenn aber Arbeits- und Unternehmensstrukturen ständig wechseln, ist es für den Einzelnen schwer, die eigene berufliche Zukunft und das persönliche

Leben zu planen. Die soziale Bindung und die Identifikation mit dem Namen einer Firma scheint heute geradezu absurd und anachronistisch geworden zu sein.
›Karriere‹ – dieses Wort bedeutete ursprünglich eine Straße für Kutschen. »Als das Wort schließlich auf die Arbeit angewandt wurde, meinte es eine lebenslange Kanalisierung für die ökonomischen Anstrengungen des Einzelnen«, schreibt Richard Sennett in seinem Buch über den flexiblen Menschen und die Kultur des neuen Kapitalismus. Historisch gesehen, hatte das Wort Beruf früher etwas mit Berufung zu tun, auch wenn der Beruf nicht freiwillig gewählt werden konnte, sondern oft qua Tradition auf die Nachkommen übertragen wurde. In der heutigen Zeit wird dieses Wort mehr und mehr durch den Begriff ›Job‹ verdrängt. Vielleicht nicht zu Unrecht. Denn ›Job‹ bedeutete im Englischen des 14. Jahrhunderts Klumpen oder eine Ladung, die man herumschieben kann.
Wenn heute junge Menschen von ihrem ›Job‹ sprechen, wissen sie wahrscheinlich nichts über die ursprüngliche Bedeutung dieses Wortes. Aber viele junge Menschen fühlen sich herumgeschoben. Die Studentin oder der Student, die kellnern, machen ihren ›Job‹. Aber selbst hoch qualifizierte Menschen sprechen von ihrem Job. So z. B. spricht auch Isabella, die ehemalige Studentin der Volkswirtschaft, die seit mehreren Jahren sehr erfolgreich in der Steuerabteilung einer weltweiten Firma der IT-Branche arbeitet, nicht von ihrem Beruf, sondern nur von ihrem Job, obwohl ihr ›Job‹ der Dreh- und Angelpunkt ihres Lebens ist.

### *Isabella – Der Job fordert fast alles von mir*

»Mein Job ist mein Lebensmittelpunkt, auch wenn ich mir das in dieser Form nie so vorgestellt habe und mir auch nie so gewünscht habe. Der Job fordert fast alles von mir. Die wenige Freizeit dient zur Regeneration. Momente des Auflebens sind rar und meine Kraft ist begrenzt. Momentan fehlt mir sogar die Energie, mich zu verlieben und mir den Mann

meiner Träume zu suchen. Männer wollen ja auch keine starken Frauen, vor denen sie Angst haben müssen. Aber wie ich meine, müssen sie keine Angst vor starken Frauen haben.
Ich verstehe meinen Job aber nicht als Endstation, sondern als Sprungbrett für neue Herausforderungen, sei es beruflich oder privat. Da bleibt trotzdem der Traum, Zeit für sich zu haben, sich zu verlieben und irgendwann mal Kinder zu bekommen. Mein beruflicher Erfolg wird damit zumindest in seiner jetzigen Form enden oder anders aussehen, weil ich nicht mehr so flexibel sein kann. Ich meine damit, daß ich mich dann nicht ständig weiterbilden kann, um auf dem laufenden zu bleiben, daß ich auch für die Firma nicht mehr so häufig ins Ausland reisen kann usw. Auch heute noch ist es sehr schwer, Familie und Beruf miteinander zu verbinden. Deshalb wird der Beruf für Frauen immer nur ein Job bleiben. Die berufliche Anerkennung ersetzt mir ein wenig mein privates Glück und gibt mir Sicherheit. Aber in meinem privaten Leben fühle ich mich oft sehr allein.«
Daß Menschen heute im Berufsleben äußerst flexibel sein müssen, lebenslang lernen müssen, daß sie aber wie Klumpen herumgeschoben werden, geheuert und gefeuert werden, ist bekannt. Die Flexibilität, die dem Menschen abverlangt wird, kann Angst und Gefühle von Verlassenheit in ihm erwecken. Der Mensch, der seine Zukunft nicht mehr planen kann, fühlt sich ganz einfach überfordert. Sennett schreibt dazu: »Niemand ist sich sicher, wie man mit dieser Flexibilität umgehen soll, welche Risiken vertretbar sind, welchem Pfad man folgen soll.« Und er fragt weiter: »Wie bestimmen wir, was von bleibendem Wert ist, wenn wir in einer ungeduldigen Gesellschaft leben, die sich nur auf den unmittelbaren Moment konzentriert?« So gesehen, sollte es nicht verwundern, wenn manche Menschen sich sogar zurückziehen, auch dann, wenn ein angestrebtes Ziel in greifbare Nähe rückt. Die Wirklichkeit könnte ja das Ziel und den damit verbundenen Traum zerstören. »In der flexiblen Ordnung (des heutigen Kapitalis-

mus) kristallisieren sich die Schwierigkeiten, die Zeichen der Gesellschaft und sich selbst zu lesen, in einem besonderen Akt, dem Akt des Risiko-auf-sich-Nehmens.« Dies aber, ohne die Zeichen und den Code zu kennen, da beides sich ständig schneller und schneller wandelt.

## Angst vor Außenseitern – oder die Angst, selbst zum Außenseiter zu werden

Ohne Werte und Normen kommt keine Gemeinschaft aus. Auch die verschiedenen Protest- und Subkulturen nicht, die heute allerdings nur noch ein Nischendasein führen. Die in den Subkulturen vorherrschenden Werte und Normen dienen der Abgrenzung von der Massengesellschaft, der man den Konsens verweigern will. Man will eigene Zeichen setzen. Die Zugehörigkeit zu einer Außenseiter-Gruppe wird dadurch erreicht, daß man sich ihren Wertvorstellungen und Lebensnormen anpaßt und sie auch nach außen hin darstellt. Das ist heute wie früher zuerst auch eine Frage der Kleidung, des ›Outfits‹. Je demonstrativer, desto besser, so der Glaube. ›Unser langes Haar ist unsere schwarze Haut‹, hieß ein Slogan der Intellektuellen, die sich in Amerika Anfang der sechziger Jahre in einer Protestbewegung zusammengeschlossen hatten. Damals war es leicht, allein durch die Haartracht sein Außenseitertum zu demonstrieren. Weniger leicht war es, als Außenseiter zu leben. Das ist bis heute so geblieben.
Auf Außenseiter und Aussteiger reagieren viele Menschen mit verächtlicher Duldung, Mißachtung oder Empörung. Daß dahinter aber die Angst steckt, selbst einmal ungewollt zum Außenseiter in dieser Gesellschaft werden zu können, ist dem Bewußtsein nicht so leicht zugänglich. In seiner Reaktion auf die Außenseiter und Aussteiger fühlt sich der einzelne Mensch durch die Gesellschaft, trotz des Zerfalls früherer Werte und moralischer Normen, bestätigt. Die Konsumkultur der Massengesellschaft bietet jedem Menschen ge-

nug Zerstreuungs- und Kompensationsmöglichkeiten, sich mit seiner Angst nicht beschäftigen zu müssen. Wie vereinzelt und einsam der Mensch in der Massengesellschaft ist, bekommt er erst dann zu spüren, wenn er selbst als Außenseiter angesehen wird, wenn er keine Arbeit mehr hat, wenn er an den Rollstuhl gefesselt ist, wenn er an Krebs oder Aids erkrankt ist, wenn er obdachlos geworden ist, wenn er im Alter von der Sozialhilfe leben muß oder wenn er als ein politischer Dissident angesehen wird.

Über die Erfahrung des politischen Außenseitertums heißt es bei Dorothee Sölle: »Vereinsamung isoliert uns von anderen, sie schwächt uns, sie zerstört unsere Möglichkeit des Selbstausdrucks, das Alleinsein nimmt Mut und Kraft weg: Aber der Bodensatz von allem ist die Lächerlichkeit, der man unweigerlich ausgesetzt ist. Die Angst davor, sich lächerlich zu machen, sitzt sehr tief. Abweichend denken und handeln, ein Dissident zu sein, bedeutet räumliche Isolierung. Plötzlich stehen alle auf der anderen Seite; es bedeutet zeitliche Isolierung: du bist ja von vorgestern; es bedeutet geistige Isolierung: du hast die Sachzwänge und Gesetzmäßigkeiten gar nicht verstanden; aber das Schlimmste ist die emotionale Isolierung.«

»Wenn die Erfahrung des Außenseitertums aber bewußt durchlebt wird«, so meint die Psychotherapeutin Joanne Wieland-Burston, »dann kann sie dazu beitragen, daß Menschen daran wachsen, und sie kann dazu beitragen, daß Menschen mit dem Element des Fremden, des Unbekannten in sich selbst und der Gesellschaft umgehen und leben lernen.«

## Einsamkeit wird als Makel empfunden

Nur wenige Menschen sprechen darüber, daß sie sich allein und einsam fühlen. Allein sein und Einsamkeitsgefühle werden als Makel empfunden. Darüber spricht man nicht. Und wenn man darüber spricht, bleibt man lieber anonym. Bundesweit drehten sich in den vergangenen Jahren denn auch nur 9,5 % aller Anrufe, die bei der Telefonseelsorge ankamen, direkt um das Problem der Einsamkeit. Es waren vor allem jüngere Menschen und Menschen mittleren Alters, die direkt über ihre Einsamkeitsgefühle gesprochen haben. »Indirekt aber werden Einsamkeitsgefühle von einer sehr viel größeren Zahl in der Bevölkerung ausgesprochen. Dann, wenn es um berufliche Schwierigkeiten geht oder wenn es um Probleme in einer Paarbeziehung geht, um Schwierigkeiten mit der Herkunftsfamilie und um Suchtprobleme«, so Andrea Rude, Mitarbeiterin der Telefonseelsorge des Rhein-Neckar-Kreises. »Die Menschen, die uns anrufen, fühlen sich einsam, weil sie mit ihren konkreten Problemen allein nicht zurechtkommen.« Krankheit, Arbeitslosigkeit, eine Scheidung vom Partner, berufliche Probleme spielen in diesen Gesprächen eine wichtige Rolle. »Da können wir konkrete Hilfe leisten, indem wir einfach auf die verschiedenen Selbsthilfegruppen hinweisen und Adressen nennen können.« Ob diese Hilfsangebote dann auch angenommen werden, darüber weiß man bei der Telefonseelsorge noch wenig. Doch zeigen die Erfahrungen der Mitarbeiterinnen und Mitarbeiter, daß es dem Anrufer manchmal bereits hilft, einfach mal mit einem anderen Menschen sprechen zu können, ohne daß er sich als Person zu erkennen geben muß. Zu hoffen ist, daß diese erste Erfahrung dazu beiträgt, sich auch später anderen Menschen im Gespräch zu öffnen.

# II. Einsamkeit und Gemeinsamkeit

## Psychische Hintergründe der Einsamkeit

Während Soziologen das Phänomen der Einsamkeit hauptsächlich aus den überindividuellen, also aus den gesellschaftlichen Verhältnissen zu erklären versuchen, schauen Psychoanalytiker, Psychologen und Psychotherapeuten nach den individuellen Ursachen des Phänomens. Sie fragen nach früheren und neueren lebensgeschichtlichen Ereignissen, in denen wir uns verlassen und einsam gefühlt haben. Doch ist die Spurensuche nach solchen Ereignissen – selbst im Schutz therapeutischer Hilfe – nicht immer einfach. Das Erinnern daran könnte ja schmerzhafter sein als die Gegenwart und die Gegebenheit der augenblicklichen Einsamkeitsgefühle. »Im Leben sind wir in eine Unzahl von sich stoßenden und bedrükkenden Dingen eingezwängt, wo man schon gar nicht mehr dazu kommt – vor lauter Gegebenheiten – daran zu denken, wer sie eigentlich gegeben hat. Es ist wohl eine große und opferreiche Umkehr nötig, um zu sehen, daß der Geber aller Gegebenheiten in uns selber wohnt und daß die Welt aus dem Wesen der Seele gegeben ist.« So schrieb schon der Psychoanalytiker Carl Gustav Jung. Es sind diese vielen bedrückenden Gegebenheiten, die die Spurensuche nach dem Grund unserer Einsamkeitsgefühle so schwierig machen. Hinzu kommt wohl auch eine verständliche Neigung, daß wir lieber die Menschen, die uns besonders nahe stehen, für unsere Einsamkeitsgefühle verantwortlich machen. Bekanntlich ist es leichter, den Splitter im Auge eines anderen zu entdecken, als den Balken vor dem eigenen Auge wahrzunehmen. In den Berichten von Carola und Silvia wird dies deutlich.

*Carola – Einsamkeit entsteht aus Mißverständnissen und Unverständnis*

»Ich weiß es noch genau, ich war sechzehn, da fühlte ich mich zum ersten Mal von aller Welt verlassen und dachte über Einsamkeit nach, weil ich plötzlich nicht mehr im Mittelpunkt meiner Eltern stand«, sagt die 25jährige Carola. »In der Schule habe ich damals ständig Zoff mit einer Lehrerin gehabt. Ich wollte ihr Emanzipationsgerede von der Frau nicht mehr hören. Ich hab halt dagegen gemotzt, als sie sagte, Frauen müssen einen Beruf erlernen, um unabhängig vom Mann zu werden. Der ganze ›Sozi-Unterricht‹ lief darauf hinaus, die Kleinfamilie ist von Übel, sie verhindert die Emanzipation der Frau. So kam es mir jedenfalls vor. Ich bin halt immer mal wieder aufgestanden und hab die Kleinfamilie ziemlich aggressiv verteidigt, nur deshalb, weil meine Eltern sich getrennt hatten und weil ich brutal darunter gelitten habe. Das habe ich natürlich nicht gesagt. Die Lehrerin wußte gar nicht, warum ich so redete. Bei der Scheidung meiner Eltern war ich vierzehn Jahre alt, und ich konnte überhaupt nicht verstehen, warum sie sich getrennt haben. Sie haben mit mir nicht darüber geredet. Meine Mutter bekam das Sorgerecht. Und jedes Mal, wenn ich meinen Vater besucht habe, hatte ich ein schlechtes Gewissen meiner Mutter gegenüber. Das hat mich schier auseinandergerissen. Von meinen Eltern fühlte ich mich völlig allein gelassen. Ich habe geglaubt, sie lieben mich nicht mehr. Und die ganze Wut darüber habe ich an meiner Lieblingslehrerin ausgelassen. Ich wollte ihr einfach nur contra geben, obwohl ich ihre Argumente gar nicht schlecht fand, daß Frauen sich halt nur unabhängig von den Männern machen können, wenn sie ihr eigenes Geld verdienen. Damals habe ich mich sogar von meiner besten Freundin verlassen gefühlt, bloß weil sie nicht auf meiner Seite stand, wenn ich mit der Lehrerin gestritten habe. Heute weiß ich ein bißchen mehr. Ich glaube, wenn ich damals besser über mich hätte reden können, hätte ich mich nicht so verlassen gefühlt.

Aber das ging bei mir einfach nicht. Ich konnte nicht über mich reden. Ich wußte ja selbst nicht so genau, was mit mir los war, was da innerlich bei mir abging.«

### *Silvia – Plötzlich fühlte ich mich von meinen Eltern abgewertet*

»Mit meinen Eltern gab es hauptsächlich Ärger, weil sie immer an meiner Kleidung herumnörgelten. Da war ich sechzehn oder siebzehn Jahre alt. Du kannst doch nicht mit freiem Bauchnabel auf der Straße rumlaufen, sagten sie. Oder ich bekam zu hören: Wenn du mit uns zum Essen gehen willst, dann bitte nicht in diesem Fummel von Minirock. Da sieht man ja alles. Und meine Mutter gab noch eins drauf: Liebling, sieh das doch ein, du hast viel zu dicke Oberschenkel für diesen Rock. Ich fühlte mich gekränkt und abgewertet. Ich dachte, nun gerade. Vielleicht ist sie eifersüchtig auf mich. Wer weiß? Denn früher fand sie mich immer nur schön. Es war völlig egal, was ich anzog. Also kamen mir plötzlich Zweifel. Hat sie das wirklich ernst gemeint damals? Hat sie das nicht einfach nur so daher gesagt? Vielleicht, weil sie mich nie richtig angeschaut hat, weil ich noch ein kleines Mädchen war. Ich hab dann irgendwie dicht gemacht, mich total abgesondert von meinen Eltern. Ich hab die Schotten heruntergezogen vor den Erwachsenen. Ich hatte das Gefühl, alles ist doppeldeutig, einfach pseudo. Ich habe auch erlebt, wie meine Mutter im Beisein meines Vaters mit anderen Männern geflirtet hat. Ich fühlte mich in solchen Momenten ziemlich unbehaglich und begann an der Ehrlichkeit der guten Ratschläge meiner Mutter zu zweifeln. Ich glaubte, ich könnte niemandem mehr trauen. Deshalb habe ich mich auch von meinen Freundinnen und Freunden zurückgezogen. Aber mein Rückzug war kein Ausweg. So kann man sich vor Enttäuschungen und Verletzungen vielleicht schützen, aber man macht sich selbst einsam. Das ist mir irgendwann sehr klar geworden.«

Die Erinnerungen, von denen Carola und Silvia berichten und die zunächst ganz harmlos und alltäglich erscheinen, enthalten einen dramatischen Untertext. Der Untertext spricht von ihren Trennungsschritten aus dem Bindungsverhältnis zu den Eltern, von Versuchen, sich aus dem Kanon der Wert- und Moralvorstellungen der Erwachsenen zu lösen, und sie sprechen von der schmerzhaften Erkenntnis, daß die Erwachsenen, die früher idealisierten Eltern, fehlbar sind. Er spricht von ihren Versuchen, aus allem bisher Erfahrenen eigene Moral- und Wertvorstellungen zu entwickeln. Dieses Problem muß von jeder heranwachsenden Generation bewältigt werden. Carola und Silvia haben dabei erfahren, daß die Erwachsenen sich ihren Versuchen, eigenverantwortlich zu handeln, widersetzten und ein bis dahin so selbstverständliches Vertrauensverhältnis erste Risse bekam. Die Erwachsenen wollten sie nicht oder noch nicht aus ihrer Bindung an sie entlassen. Sie haben erfahren, daß Trennungen mit Verletzungen verbunden sind, die man selbst erleidet, und mit Verletzungen, die man ungewollt auch anderen zufügt. Um den Schmerz der Trennung nicht zu sehr fühlen zu müssen, legte Carola sich einen Panzer zu.

»Das war ganz schlimm damals«, erzählt Carola. »Ich wollte ja niemanden verletzten. Aber ich wollte selbst auch nicht verletzt werden. Selbst mit meiner besten Freundin konnte ich nicht mehr über meine Gefühle reden. Da war so was Fremdes zwischen uns. Ihre Eltern waren nicht geschieden, und ich schämte mich für die Scheidung meiner Eltern. Deshalb habe ich versucht, mir einen Panzer zuzulegen. Ich bin stumm geworden. In der Schule habe ich irgendwann nichts mehr gesagt. Ständig habe ich Süßigkeiten in mich hineingestopft, um mich zu trösten und abzulenken. Aber das funktionierte nicht. Ich fand darin keinen Trost. Für meine Süßigkeits-Eskapaden habe ich mich selbst gehaßt. Ich fühlte mich damals nicht nur allein, ich fühlte mich wertlos und habe mich selbst gehaßt. Alle anderen haben ja recht, wenn sie dich nicht mögen, dachte ich.«

Solche Zeiten der Inkubation, der Abschottung vor anderen sind wichtig, auch wenn sie weh tun. In Trennungsphasen werden wir mit unserer Angst vor dem Alleinsein konfrontiert und stehen vor der Aufgabe, Wege zu finden, wie wir damit zurechtkommen. Die Inkubation kann der Selbstregulierung all der negativen Affekte dienen, die das Gefühl, allein zu sein, in uns auslöst. Als Carola bewußt wurde, daß ihre wichtigsten Bezugspersonen – die Eltern, die Lehrerin, die Freundin – ihr nicht mehr bedingungslos wie früher zur Verfügung standen, fühlte sie sich von ihnen fallengelassen. Ihre Süßigkeits-Eskapaden waren ein Versuch, ihr inneres Gleichgewicht aufrechtzuerhalten oder wiederherzustellen. Ein untauglicher Versuch, wie sie selbst bald feststellen mußte. »Ich habe irgendwann Gedichte geschrieben und gemalt. Das war wie ein Aha-Erlebnis. Allmählich brauchte ich die Süßigkeiten nicht mehr.«

›Im Stich gelassen‹ von ihrer Mutter fühlte sich auch Silvia. Sie ging in der Einschätzung äußerer Gegebenheiten einen anderen Weg. Um ihre Gefühle des Verlassenseins im Lot zu halten und nicht als Abwertung ihrer Person zu empfinden, unterstellte sie der Mutter: »Sie ist eifersüchtig auf mich.« Über viele Monate hinweg hat sie mit ihrer Mutter kaum noch ein Wort gewechselt. Sie mußte die Mutter abwerten, um sich selbst nicht abgewertet zu fühlen. »Wie ich da herausgekommen bin, weiß ich selber gar nicht mehr so genau. Ich glaube, der Wendepunkt war, als ich meiner Mutter sagte, du bist ja nur eifersüchtig auf mich. Ich erinnere mich an diese Szene noch genau. Wir saßen noch am Frühstückstisch, der immer so schön gedeckt ist. Mein Vater war schon gegangen. Mit einer Handbewegung riß sie die Tischdecke weg, das ganze Geschirr, Marmelade, Wurst und Butter, alles knallte auf den Parkettboden. Dann stand meine Mutter auf und versetzte mir eine Ohrfeige. Ich bin mit hoch erhobenem Haupt aus dem Zimmer gegangen und hab meine Mutter in ihrem Zorn allein gelassen. Den Schock mußte ich erst mal verkraften. Meine Mutter hatte mich vorher nie geschlagen. Ihr Wut-

ausbruch war wohl heilsam. Ich begann über das Leben meiner Mutter nachzudenken und dachte nicht mehr immer nur über mich selbst nach.«
Bei allen Trennungen im Leben wird die Frage der Regulierung negativer Gefühle, die damit einhergehen, wichtig. Wir sprechen von der Phase der Pubertät (der Entwicklung der Geschlechtsreife) und der Phase der Adoleszens (der Ablösung vom Jugendalter), in der viele junge Menschen fast ausschließlich mit sich selbst beschäftigt sind. Das Verhalten der anderen, seien es nun die Erwachsenen oder die Freundinnen und Freunde, wird in dieser Zeit oft ganz narzißtisch nur auf die eigene Person bezogen und gesehen. In dieser Phase werden Beziehungen zu anderen oft als enttäuschend oder kränkend erlebt und als Beweis für die eigene Liebensunwürdigkeit genommen. ›Keiner liebt mich, keiner versteht mich.‹ Oft gehen die verzweifelten Gefühle der Einsamkeit mit Selbstbeschädigungen einher, zum Beispiel mit übermäßigem Essen, dem Konsum von Drogen oder des völligen Rückzugs von anderen Personen. Auch wenn die Mittel überhaupt nicht angemessen sind, stellen sie doch einen Versuch dar, mit den inneren Spannungen, die das Erwachsenwerden und die Suche nach der eigenen Identität mit sich bringt, fertig zu werden. In der Art, wie Beziehungen zu anderen Menschen in dieser Zeit aufgenommen oder auch abgebrochen werden, spiegeln sich die frühen Interaktionsmuster zwischen Eltern und Kindern wider.

## Wie unser Seelenleben entsteht

Unser Leben beginnt mit einer Trennung, der Trennung aus dem Mutterleib, und es endet mit einer endgültigen Trennung, dem Tod. Dazwischen liegen all die notwendigen kleinen und großen, die bewußten und die unbewußten Trennungsschritte von den Eltern, die wir bewältigt haben auf unserem Weg ins Leben hin zu der erwachsenen Person, die wir geworden sind: unser erster Weg in den Kindergarten, ein Krankenhausaufenthalt, unser erster Schultag, unsere erste Reise in ein Ferienlager, unsere erste Reise allein zu Verwandten. Dazwischen liegen auch Trennungen, die wir nicht gewollt haben. Die Eltern haben sich vielleicht scheiden lassen. Die geliebte Großmutter ist plötzlich gestorben. Die beste Freundin, der beste Freund haben sich von uns abgewandt oder sind in eine andere Stadt gezogen. Mit jeder Trennung wiederholt sich die erste Trennung, die wir erfahren haben, die Trennung vom Mutterleib. Das schrieb schon Otto Rank in seinem Buch »Das Trauma der Geburt«.

Die heutige vorgeburtliche psychologische Forschung, die sich etwa um 1930 zu entwickeln begann, zeigt uns: Eine Schwangerschaft bestimmt nicht allein die physiologischen und psychischen Lebensprozesse der Frau, sie bestimmt auch die des ungeborenen Kindes. In den letzten Jahrzehnten hat vor allem die medizinische Forschung wesentliche neue Erkenntnisse über die Sinnesentwicklung, das Wahrnehmungsvermögen, das affektive Erleben und das Lernvermögen des ungeborenen Kindes gewonnen. Für viele Menschen klingt es noch unglaublich: Schon in den ersten drei Monaten nach der Zeugung des Kindes funktioniert bereits sein Gehirn und steuert seine weitere Entwicklung. Streßbedingte Spannungszustände der Mutter, Angst, Schmerz und Scham teilen sich dem ungeborenen Kind über vielfältige Kanäle mit, zum Beispiel über Impulse des Nervensystems, über den Herzschlag, den Atemrhythmus, über Muskelverspannungen, den Adrenalinausstoß oder den Stimmklang der Mutter. Spätestens ab dem siebten Monat, wahrscheinlich schon viel früher, kann der Fötus hören. Er kann riechen, schmecken und weinen, und sein Kommunikationssystem ist weitgehend ausgebildet. Eltern, die viel mit ihrem ungeborenen Kind sprechen, werden bemerkt haben, daß es bereits auf ihre Stimmen reagiert, daß es sich auf die Hand zubewegt, die auf dem Bauch der Mutter liegt. Schon das Kind im Mutterleib spürt, ob es willkommen ist auf dieser Welt oder nicht. Der Keim der Ein-

samkeitsgefühle kann also bereits vor der Geburt im Menschen angelegt sein.
Umstritten ist jedoch die Frage, ob es dem Menschen möglich ist, sich an diese sehr frühen Phasen in seinem Leben zu erinnern. Viele Therapeuten aus der psychoanalytischen Schule bezweifeln diese frühen Erinnerungen. Andere halten sie für möglich. Und wieder andere sind fest davon überzeugt: Nichts ist vergessen. Unsere vorgeburtliche Lebenszeit läßt bleibende Spuren in unserer Seele zurück, Narben und offene Wunden, positive oder negative Eindrücke und Erinnerungen. Es sind keine Erinnerungen in dem uns vertrauten Sinne. Der bewußten Erfahrungsebene sind sie nicht unmittelbar zugänglich. Sie sind im Körper gespeichert und müssen erst entschlüsselt werden. Daß auch unser Körper so etwas wie ein Gedächtnis besitzt, wird inzwischen von der modernen Schmerzforschung bestätigt.
Der Psychoanalytiker Tilman Moser meint, daß die negativen Erinnerungen an die vorgeburtliche Lebenszeit sich wie ruhelose Gespenster in unserem Unterbewußtsein herumtreiben und nur auf ihre Stunde warten; daß sie sich in psychosomatischen Störungen und Depressionen äußern können; daß sie unsere Bindungsfähigkeit, unsere Liebesfähigkeit und unser Mitgefühl für andere blockieren können. Menschen, die in ihrer Bindungs- und Liebesfähigkeit, in ihrer Empathie gehemmt sind, fühlen sich oft auch einsam. Das Kind, das von den Eltern in seiner vorgeburtlichen Lebenszeit nicht angenommen wurde, wird es schwer haben, sich selbst zu mögen und sein Selbstwertgefühl zu entwickeln.
Der in Schottland geborene Psychiater Ronald D. Laing mußte jeden Tag zu einer bestimmten Zeit seinen Drink haben, sonst fühlte er sich schlecht. Als er diesem Phänomen nachdachte und nachforschte, stellte er fest, die Uhrzeit, zu der er unweigerlich seinen Drink brauchte, war die Stunde seiner Geburt. Diese Feststellung veranlaßte ihn zu weiterem Nachdenken. Wie viele Menschen, die zur Welt kommen, waren wohl in Wirklichkeit gewünscht? Werden nicht die

Grundmuster im Leben eines jeden Menschen für Geben und Nehmen, Gehen und Kommen, Einfuhr und Ausfuhr, also Essen, Trinken und Ausscheidung, letztlich durch die Erfahrungen vor der Geburt und rund um die Geburt vorausbestimmt? Zu den scheinbar völlig unerklärlichen ängstigenden Gefühlen der Einsamkeit, die den Menschen manchmal überfallen, heißt es bei Ronald D. Laing: »Viele Leute haben das Gefühl, nie geboren worden zu sein. Andere haben das Gefühl, nie als Ei in die Gebärmutterschleimhaut eingebettet worden zu sein. Andere fühlen sich nur auf einen Mangelzustand fixiert, sind unversöhnt, härmen sich ab, beklagen sich, heulen nach dem Mond, sind das Gespenst ihrer selbst, wie das Keimbläschen vor dem Begräbnis im Mutterleib.«

Das Wissen um die lebensgeschichtliche Bedeutung der vorgeburtlichen Zeit und der Geburt selbst war früher selbstverständlich in vielen Völkern verankert. In den modernen Gesellschaften fiel dieses Urwissen einem Wissenschaftsverständnis zum Opfer, bei dem nur anerkannt wird, was eindeutig meßbar und objektiv nachweisbar ist.

Die vorgeburtliche medizinische und psychologische Forschung liefert inzwischen viele Beweise, die Anlaß genug geben, die Theorie des Vaters der Psychoanalyse, Sigmund Freud, in mancher Hinsicht etwas kritischer und differenzierter zu betrachten. Freuds Theorie besagt, daß unsere psychische Entwicklung erst nach unserer Geburt beginnt. Für ihn waren die ersten drei Lebensjahre prägend für die Entwicklung des Menschen. Der vorgeburtlichen Lebenszeit, der Geburt selbst und wie wir ankommen in dieser Welt maß er wenig Bedeutung zu. Aus der Psychotherapie in unserer Zeit ist aber inzwischen bekannt, daß Klienten, deren vorgeburtliche Lebenszeit und deren Geburt schwierig verlief, diesem ganz frühen Erleben auf einer unbewußten Ebene noch sehr nah verbunden sind, daß sich hier die ersten Gefühle von Geborgensein und Ungeborgensein entwickeln.

Freuds Pionierleistung war es, auf die psychische Empfindlichkeit des kleinen Kindes aufmerksam zu machen, die zu seiner Zeit von Ärzten und Pädagogen und demzufolge auch von Eltern nicht hoch eingeschätzt wurde. Er war es auch, der durch seine therapeutische Praxis nachweisen konnte, daß das abhängige, bedürftige kleine Kind im Erwachsenen weiterlebt.

Für die damalige Zeit waren Freuds Erkenntnisse und Theorien ein Schock, eine Provokation, eine Zumutung für das Selbstverständnis der Menschen. Heute stehen wir vor einer ähnlichen Situation. Es fällt uns noch immer schwer zu akzeptieren, daß das kleine bedürftige Kind mit seinen Gefühlen im Erwachsenen weiterlebt. Noch problematischer wird es für uns zu akzeptieren, daß auch die Erfahrungen des ungeborenen Kindes in uns weiterleben. Zumal dann, wenn es sehr schmerzhafte und existentiell bedrohliche Erfahrungen waren. Erinnerungen an schmerzhafte Erfahrungen werden gern verdrängt. Die Fähigkeit des Menschen, leidvolle Erlebnisse verdrängen zu können, garantiert zunächst seine psychische Überlebensfähigkeit; insofern ist sie positiv zu bewerten. Doch wie wir auf Dauer mit der Verdrängung elementarer, schmerzhafter Ereignisse leben, steht auf einem ganz anderen Blatt unserer Biographie.

### *Michael – Meine Eltern wollten mich nicht haben*

»Gewürznelken und Muskat an einem Essen konnte ich nie vertragen, kann es auch heute noch nicht. Schon bei dem Geruch wird mir schlecht. Ich habe mich immer über diese Abneigung gewundert. Später habe ich dann erfahren, warum. Als meine Mutter mit mir schwanger war, hat sie versucht, mich abzutreiben. Sie stürzte sich die Treppe hinunter, nahm heiße Bäder und trank den Saft aufgekochter Gewürznelken mit Muskatpulver.

Meine Eltern wollten mich nicht haben, weil sie sich erst mal eine Existenz aufbauen wollten. Gespürt habe ich das wohl schon als Baby. Die Mutter hat mir erzählt, daß ich fürchterlich schrie, sobald sie mich stillen wollte, während ich sonst ein sehr stilles, passives Baby war, ganz anders als meine nachgeborenen Brüder. Die Mutter hat sich bemüht, mich lieb zu haben, aber ich habe es ihr schwer gemacht. Das fing schon mit meiner Geburt an. Meine Geburt dauerte endlos lange. Ich war eine Steißgeburt. Die Schmerzen, die ich meiner Mutter schon bei meiner Geburt zugefügt habe, setzten sich dann irgendwie im Leben fort. Ich glaube, schon deshalb war es für meine Mutter und auch für meinen Vater nicht leicht, mich anzunehmen, zu akzeptieren, daß ich da war. In der Schule gehörte ich immer zu den schlechtesten Schülern. Ich bin zweimal sitzen geblieben. Beachtung bekam ich von meinen Eltern nur, wenn mal wieder eine besonders schlechte Note unter einer Klassenarbeit stand, die sie unterschreiben mußten. Nach der Geburt meines ersten Bruders änderte sich für mich nur so viel, daß meine Eltern sich noch weniger um mich kümmerten. Mein Bruder stand jetzt im Mittelpunkt der Familie. Wenn ich an meine Kindheit denke, dann steht mir klar vor Augen, wie sehr ich immer meinen Eltern und anderen Erwachsenen hinterhergelaufen bin, um ein bißchen Anerkennung und Liebe zu erhaschen.»

Michael war 23 Jahre alt, als seine Mutter ihm mit schlechtem Gewissen gestand, was er schon lange wußte: ›Ein Wunschkind bist du nicht gewesen‹. Er hat es gespürt, als er noch ein Baby war. Er hat es gespürt, wenn der Vater ihn für ein kleines Vergehen schlug. Er hat es gehört, wenn der Vater seinen erstgeborenen Sohn im Alkoholrausch manchmal anschrie: ›Es wäre für uns alle besser gewesen, deine Mutter hätte dich nie geboren.‹

»Das Geständnis meiner Mutter hat mich überhaupt nicht sonderlich berührt, ich war eher erleichtert«, sagt Michael. »Es hat sich etwas verfestigt in mir, die innere Gewißheit, meine Eltern haben mich nie geliebt, sie haben mich immer abgelehnt. Als Kind glaubte ich, es ist meine Schuld, wenn die Eltern mich nicht lieben. Das Geständnis meiner Mutter hat mich von meinem schlechten Gewissen befreit.«

Nach seinem Auszug aus dem Elternhaus und dem späten

Geständnis seiner Mutter suchte Michael Anerkennung und Geborgenheit in verschiedenen politischen Gruppen. Zuerst in der SPD, dann bei den ›Grünen‹. Zeitweilig fand er dort, wonach er suchte. Aber niemals auf Dauer. Sein Verhältnis zu Frauen war bis vor kurzen mehr als distanziert. Richtige Freunde hat er nicht. Er fürchtet sich vor Enttäuschungen. Und er hat Angst, andere zu enttäuschen. Auch davor hat Michael immer noch Angst: Eines Tages zu den Versagern in dieser Gesellschaft zu gehören.

»Ich bin Buchhändler und die Arbeit macht mir Spaß. Ohne meinen Beruf wäre ich ein Nichts. Daß ich keine richtigen Freunde habe, daran habe ich mich gewöhnt. Diese Einsamkeit mit mir in meinen vier Wänden ist besser zu ertragen als die Einsamkeit, die ich fühle, wenn ich unter Menschen bin. Ich will nicht mehr wie als Kind ständig um die Aufmerksamkeit und Liebe der anderen buhlen müssen.«

Wenn wir bedenken, daß unser seelisches Erleben nicht erst mit unserer Geburt beginnt, sondern sich schon vor unserer Ankunft auf dieser Welt weitgehend entwickelt hat, dann haben wir damit einen der Schlüssel zu jener geheimnisvollen Gefühlswelt gefunden, zu den Gefühlen von Einsamkeit, der inneren Leere und des Verlassenseins, die uns manchmal bei ganz geringen Anlässen überfallen, die unser so mühsam erworbenes seelisches Gleichgewicht zeitweilig völlig aus der Balance bringen können.

Der Uterus der Mutter ist keinesfalls ein Ort absoluter Geborgenheit, in dem das Kind völlig ungestört von äußeren Einflüssen heranreifen kann. Selbst das Wunschkind ist nicht geschützt vor negativen Erlebnissen, Angst- und Streßsituationen, die seine Mutter während der Schwangerschaft durchstehen muß. Um in einem Bild zu sprechen: Der Uterus der Mutter ist die erste Schule, in der wir auf das Leben in der Welt vorbereitet werden. Aber schon das ungeborene Kind besitzt ein gewisses Potential an Willenskraft, um mit Beunruhigungen und Streßsituationen, die es über die Mutter erfährt, umzugehen. Durch die bildgebenden Verfahren in der Medizin weiß man inzwischen, daß der Säugling im Mutterleib sich zu schützen versucht. Wenn die Mutter zum Beispiel eine Fruchtwasseruntersuchung machen läßt, dann zieht er sich vor der Nadel, die in seinen Lebensbereich eindringt, in einen Winkel des Uterus zurück.

## Die Einsamkeit des Kindes

Kinder brauchen bei ihren Erkundungsausflügen ins Leben, bei ihren ersten Ablösungsversuchen von den Erwachsenen deren stützende und tröstende Begleitung, zuerst die der Eltern. Schon in der frühen Phase der Kindheit zeichnen sich die ersten Trennungsschritte zwischen den Eltern und dem Kind ab. Nicht immer werden sie bewußt erlebt. Die Eltern erfahren, daß sie ihr Kind nicht vor allen Gefahren und Schwierigkeiten des Lebens beschützen können. Sie müssen Verständnis aufbringen für die Bestrebungen des Kindes nach Selbständigkeit und Individuation. Das kleine Kind muß lernen, daß seine Eltern nicht immer gegenwärtig sind, es nicht immer beschützen können, wenn es bei seinen Entdeckungsreisen in die Welt in Schwierigkeiten gerät. Für Eltern und Kinder ist das sicher ein konfliktreicher Balanceakt, der ständig neu geprobt werden muß. Eltern wissen, wie schwierig es ist, ein ganz kleines Kind, das sich verbal noch gar nicht oder nicht gut ausdrücken kann und in Panik geraten ist, zu beruhigen und zu trösten, ohne sich von dessen schreiender Panik anstecken zu lassen. Denn auf einer unbewußten Ebene erleben Eltern in solchen Augenblicken Ereignisse in ihrer Kindheit wieder, in denen sie sich selbst hilflos und verlassen fühlten.

Über die Einsamkeitsgefühle, die Kinder häufig heimsuchen, Einsamkeitsgefühle, die aus einer plötzlich entdeckten Freiheit erwachsen, erzählt die Schriftstellerin Natascha Wodin in ihrem autobiographischen Roman »Die gläserne Stadt« die folgende Episode, die sich in den Nachkriegsjahren ereig-

nete: Ein kleines Mädchen, dem die Eltern wenig Beachtung und Aufmerksamkeit schenkten, hat eine wertvolle Armbanduhr, die der Vater für die Mutter auf dem Schwarzmarkt ergattert hat, entwendet und sie mit kindlicher Wärme und einigen Überredungskünsten an einen fremden Mann verschenkt, nur um einmal für einen kurzen Augenblick Achtung und einen anerkennenden Blick zu erhaschen. Tagelang sucht die Mutter nach der Uhr. Und das Kind lebt ständig in Angst vor der gerechten Strafe. Dieses kleine Mädchen erlebt plötzlich eine ganz neue Art der Einsamkeit. Natascha Wodin schreibt: »Die Strafe bleibt aus. Plötzlich weiß das Kind, daß die Eltern nicht alles wissen. Ist plötzlich nicht mehr aufgehoben im Wissen der Erwachsenen. Wie wenn ein kleines Stück von dem Kind abgebrochen wäre. Was fängt es an mit dem Wissen. Mit der Freiheit und dem Schrecken.«
Es sind Umbruchsituationen im Leben, Trennungserlebnisse, die Gefühle der Einsamkeit in uns hervorrufen, gleichgültig, ob wir noch ein Kind oder bereits erwachsen sind. Selbst die fürsorglichsten Eltern können ihre Kinder nicht vor Trennungen und Einsamkeitsgefühlen beschützen. Und sie sollten es auch nicht, denn das Kind kann so nicht lernen, mit Trennungen und Einsamkeit umzugehen und diese unausweichlichen Erfahrungen als einen Teil des Lebens zu begreifen. Kinder, die nicht trauern durften um den vorübergehenden oder endgültigen Verlust eines Menschen, werden auch später mit notwendigen Trennungen im Leben sehr schwer zurechtkommen.
Jede Trennung macht Angst und läßt uns ein bißchen einsam zurück. Wie wir als Kinder Trennungen erlebt haben, unerwartet und plötzlich, sehr bedrohlich oder weniger bedrohlich, bleibt nicht ohne Einfluß, wie wir als Erwachsene Trennungen erleben und welche Einsamkeitsgefühle sie in uns erwecken.

*Daniela – Den Tod meiner Großmutter habe ich nicht gut verkraftet*

»Ich war vier Jahre alt, als die Mutter meiner Mutter in ein Krankenhaus eingeliefert wurde. Ich hing sehr an meiner Großmutter. Ich durfte sie im Krankenhaus nicht besuchen. Die Mutter wollte mich wohl schonen, mir den Anblick der sterbenden Großmutter ersparen. Erst zur Beerdigung meiner Oma durfte ich dabei sein. Aber ich verstand überhaupt nicht, was da passierte. Meine Mutter sagte so etwas wie: Du mußt jetzt Abschied nehmen von deiner Großmutter, sie ist nicht mehr unter uns. Ich habe nichts kapiert. Wie sollte ich denn auch? Ich wußte nicht, was ein Sarg ist. Ich ahnte allenfalls, daß meine Großmutter in dieser Kiste liegt. Aber wie konnte ich von ihr Abschied nehmen, wenn sie da in dieser Kiste liegt? Ich konnte ihr ja keinen Abschiedskuß geben, wie ich das sonst immer getan habe, wenn sie uns besucht hat und wieder wegging. Ich weiß noch, ich wollte meine Mutter fragen, wo ist die Oma denn jetzt, wo ist sie hingegangen. Ist sie nicht mehr im Krankenhaus? Kannst du sie nicht mehr besuchen? Kommt sie gar nicht mehr zu uns zurück? Ich habe nicht gefragt. Es war wohl irgend etwas im Gesichtsausdruck meiner Mutter, so sehe ich es heute, was mich einschüchterte, solche Fragen zu stellen.«

Die Fragen, die die vierjährige Daniela für sich behalten mußte, beschäftigten ihre Phantasie gerade deshalb besonders heftig. Sie fühlte sich allein mit all diesen Fragen. »Das ging so weit, daß ich dachte, meine Großmutter kommt nicht wieder, weil ich ihr keinen Abschiedskuß gegeben habe. Ich hatte schreckliche Schuldgefühle in dieser Zeit. Vor dem Einschlafen habe ich jeden Abend für mich gebetet. So ungefähr kann ich mich noch an die Worte erinnern: Lieber Gott, bitte mach, daß die Oma nicht in den Himmel, sondern wieder zu uns kommt. Ich will dann auch ganz lieb zu ihr sein. Ein wenig hat mich dieses selbst gesprochene Gebet wohl getröstet oder zumindest beruhigt. Aber Trennungen verkrafte ich bis heute nicht gut. Bei jedem Abschied auf dem Bahnsteig werden mir die Kniegelenke weich. Da kommen die alten Verlassenheitsgefühle wieder in mir hoch, auch Schuldgefühle. Ich frage mich dann: Habe ich nicht etwas versäumt, hätte ich nicht noch irgend etwas vorher tun müssen?«

Über ein ganz frühes Einsamkeitsgefühl des Kindes schreibt die Schriftstellerin Barbara Bronnen in ihrem Buch »Die Stadt der Tagebücher«:

»Das früheste, an das ich mich aus meiner Kindheit erinnere, ist ein Morgen. Die Läden sind geschlossen, es ist dunkel im Zimmer, aber draußen sehe ich durch die Ritzen bereits das Licht. Das Haus ist seltsam still, und ich weine und schreie in meinem Bettchen, doch niemand kommt. Ich weiß nicht, wie lange dieses bedrohliche Alleinsein dauerte, ich weiß nur, daß ich unendlich einsam und verlassen war, und ich konnte mich nicht beruhigen. Dieses Gefühl tauchte immer wieder auf, als hätte dieser Morgen etwas in meinem Leben bereits umrissen. Ich erlebte es wieder in der Schule, als ich zur Strafe in der Ecke stehen mußte, in der Tanzstunde, als ich Angst hatte, übrig zu bleiben, beim Tod meines Vaters und viel später, als mein Mann mich verließ.«

Vieles in unserem Erleben als Erwachsene wird durch die ersten Ohnmachts- und Einsamkeitsgefühle des kleinen Kindes gefärbt. Barbara Bronnen sagt sehr deutlich, schon als Baby hätte sie sich »ein für allemal mit der Idee, verlassen werden zu können, infiziert.« Für sie war es dieses erste bewußt und in klarer Erinnerung behaltene Erlebnis der Einsamkeit, das sie später zum Gegenstand »einer sich durchs Leben ziehenden Suche, zum Thema ihrer Zweifel und Gedanken« gemacht hat.

Weil sie selbst als Kinder mit ihren Gefühlen und Bedürfnissen nicht ernst genommen wurden, können sich manche Eltern nur sehr schwer in die Gefühlswelt ihrer Kinder hineindenken. Sie wollen es besser machen als ihre Eltern, und sie machen neue Fehler. Die Forderungen, die sie an sich stellen, um ihrem Kind gerecht zu werden, es vor leidvollen Erfahrungen zu beschützen, hängen mit ihrer Lebensgeschichte zusammen. Kinder erinnern uns an unsere eigenen frühen Nöte, die wir nicht gern wahrhaben wollen und die wir ihnen ersparen wollen. Doch muß jede Generation ihre eigenen Erfahrungen machen. Auch ein Kind sollte schon frühzeitig darauf vorbereitet werden, daß zum Leben auch das Sterben gehört. Wir können ein Kind in seiner Ich-Entwicklung nur dann unterstützen, wenn wir es auch mit all seinen leidvollen Erfahrungen und Gefühlen ernst nehmen. Wir können ihm die Angst, Trauer und Einsamkeitsgefühle nicht einfach wegnehmen und wegrationalisieren durch vernünftige Erklärungen, indem wir sagen: Du bist nicht allein, du brauchst keine Angst zu haben. Wir sollten das Kind auch nicht vor der Trauer um einen geliebten kranken Menschen bewahren, indem wir ihm den Anblick seines Siechtums ersparen, wie Danielas Mutter es tat. Daniela konnte als Kind nicht Abschied nehmen von ihrer Großmutter, deshalb fühlte sie sich von ihr verlassen. In ihrer kindlichen Phantasie konnte sie nur denken, sie sei schuld daran, daß die Großmutter ›weggegangen‹ ist.

Wenn wir als Erwachsene fähig sind, in uns hineinzuhorchen, dann fällt uns vielleicht auf, daß wir manchmal nicht nur ein Kind vor Schmerzen und Einsamkeitsgefühlen bewahren wollen, sondern daß wir uns selbst vor diesen Gefühlen schonen wollen. Kinder können all die frühen Erfahrungen der Ohnmacht und Verlassenheit in uns evozieren, die wir selbst einmal erlebt haben, denen wir uns nur ungern wieder stellen möchten. Und das macht Angst. Es wird uns nicht immer gelingen, vor diesen Gefühlen zu flüchten. Schon deshalb kann es hilfreich sein, jenen Situationen auf die Spur zu kommen, in denen wir uns als Kind verlassen und hilflos gefühlt haben.

*Sabrina – Egal wo du auch bist, du bist immer allein*

»Egal wo du auch bist, du bist immer allein«, sagt die 18jährige Sabrina, die seit zwei Jahren eine Internatsschule besucht. »Ich hab zwar einen ziemlich großen Kreis von Freundinnen und Freunden, das bringt das Internat so mit sich. Aber wenn ich mit denen zusammen bin, kommt mir das alles irgendwie so unecht vor. Die lachen und albern herum, machen über alles Witze, stecken sich gegenseitig an mit ihrem Lachen und Kichern, nur ich kann da selten mitlachen. Meistens wird auch einiges getrunken. Ich fühle mich wie eine Beobachterin, so als gehörte ich nicht wirklich dazu. Die anderen merken das auch. Ich bin bloß geduldet unter ihnen. Trinken darf ich nicht, weil ich Psycho-Tabletten einnehmen muß wegen meiner Depressionen.«

Gefragt nach ihrer Kindheit, antwortet Sabrina: »Ich kann mich nicht beklagen. Meine Eltern haben mich sehr verwöhnt. Das tun sie auch jetzt noch. Zuhause wurde viel diskutiert, über Politik, Malerei und Literatur. Immer war Besuch da, und meine Eltern haben mich in alles einbezogen. Ich hab mich schon als Kind sehr für Mythologie und Geschichte begeistert, hab viel gelesen, in der Grundschule schon. In der früheren Schule fand ich niemanden, den das interessierte, was mich bewegte. Die hielten mich wohl alle für etwas spinnert oder hochnäsig. Jedenfalls wollte man nichts mit mir zu tun haben. Es kümmerte mich wenig. Ich konnte ja mit den Eltern über alles reden. Mehr eigentlich noch mit meinem Vater als mit meiner Mutter.

Später war mein Vater oft für viele Wochen im Ausland, beruflich. Ob ich ihn vermißt habe, wenn er weg war, weiß ich nicht so genau. Vielleicht habe ich ihn manchmal vermißt. Komisch, daß ich mich nicht so richtig daran erinnern kann. Natürlich habe ich mich gefreut, wenn er wieder zurück war. Er hat dann jedes Mal viel von seiner Reise erzählt, mir immer ganz kuriose Geschenke mitgebracht. Trotzdem war ich wohl etwas enttäuscht, weil ich das Gefühl hatte, er ist wieder da, aber trotzdem ist etwas Fremdes zwischen uns und eigentlich hat er doch keine Zeit für mich. Ich kann ihm nichts von mir erzählen, so wie früher. Ich hatte wohl Angst, er wird mir nicht zuhören. Das ist schwer zu beschreiben, dieses Gefühl. Er war da und gleichzeitig abwesend für mich. Und dann mußte er ja meistens bald wieder abreisen. Der Gedanke an seine Abreise überschattete alles. Die Abreise konnte manchmal ganz plötzlich fast von einem Tag auf den anderen passieren, gerade wenn ich mich wieder etwas an ihn gewöhnt hatte. Weil ich auf dem Gymnasium irgendwann versagt habe, wurde ich auf ein Internat geschickt. Da kam so ein Gefühl in mir auf, meine Eltern wollen mich abschieben.«

Auf der intellektuellen Ebene fand Sabrina alle Unterstützung von ihren Eltern, die sich ein Kind nur wünschen kann. Auf ihre emotionalen Nähebedürfnisse konnten sich die Eltern offenbar weniger gut einlassen.

## Unsere inneren Bilder

Wenn wir als Kinder wenig emotionale Unterstützung und Mitgefühl von unseren Eltern erfahren haben, wenn wir nicht umarmt und getröstet wurden, wenn wir es brauchten, haben wir oft auch als Erwachsene Angst vor sozialen Kontakten. Erwachsen geworden, haben wir Angst vor Nähe und intimen Beziehungen. Ja, wir scheinen uns nicht einmal danach zu sehnen. Um uns vor neuen gefürchteten Verletzungen zu schützen, haben wir das kleine Kind in uns mit seinen Bedürfnissen nach Zuneigung, Geborgenheit und Verständnis in die Verbannung geschickt, von uns abgespalten, wie die Psychologen sagen. Doch bleiben seine Bedürfnisse, auch wenn wir sie nicht mehr wahrhaben wollen, in uns wach. Wenn wir das kleine Kind in uns mit seinen Bedürfnissen abspalten, es nicht wahrnehmen wollen, kann uns das als Erwachsene sehr einsam machen. Wir fühlen uns dann innerlich leer und teilnahmslos.

*Die Einsamkeit und die*
*Sehnsucht sind grundverschiedene,*
*aber unzertrennliche Schwestern.*
*Du kannst nicht die eine lieben,*
*wenn du vor der anderen dich*
*fürchtest.*
*Du kannst nicht vor der einen*
*davonlaufen und die andere*
*mitnehmen wollen.*
*Wenn du aber eine der beiden*
*zur Freundin gewinnst, dann ist*
*dir auch die Freundschaft*
*der anderen sicher.*

Ludwig Schmidt-Herb

Während die Einsamkeit des Kindes noch eine sehr reale Erfahrung ist, ist die Einsamkeit erwachsener Menschen eher eine »innere Befindlichkeit«, so der Psychologe Eberhard Elbing. Und diese innere Befindlichkeit hat eine lange Geschichte. Sie kann – wie wir gesehen haben – bereits in unserer vorgeburtlichen Lebenszeit angelegt sein oder in unserer frühen Kindheit. Das ganz kleine Kind, der Säugling, dessen Schreien nach Nahrung, Wärme und Nähe nicht gleich gehört wird, ist dem Gefühl der Verlassenheit ohnmächtig ausgeliefert. Der Säugling hat nur seine Stimme, um sich zu wehren und sich bemerkbar zu machen. Er hat noch kein Zeitgefühl, und er hat nicht die innere Erfahrung in die Verläßlichkeit der Erwachsenen. Er kann nicht wissen, daß die Mutter, der Vater wiederkommen werden, deshalb fühlt er sich dem Alleinsein so ausgeliefert. Das etwas größere Kind weiß, es ist nicht allein, die Eltern werden wiederkommen. Es kann sich selbst trösten.
Wir alle kennen sicher den abgegriffenen Teddy oder das schmuddelige Schmusetuch, von dem sich das kleine Kind nie trennen will, das nicht gewaschen werden darf. Wir hatten

vielleicht selbst so einen Teddy oder ein Schmusetuch und haben uns damit getröstet, wenn wir uns als Kind allein gefühlt haben. Psychologen sprechen hier von Übergangsobjekten. Der Teddy oder das Schmusetuch stehen für die Mutter oder für andere hilfreiche Personen, die wiederkommen werden und uns nicht allein lassen. Schon in diesem frühen, vorsprachlichen Bereich seiner Entwicklung ist der Mensch fähig, symbolisch zu denken und sich mit inneren Bildern über schwierige Lebenssituationen und Einsamkeitsgefühle hinwegzutrösten.

Das Spiel und die Phantasie, die Fähigkeit des Menschen, in Bildern zu denken, Erfahrungen zu symbolisieren, sind Ureigenschaften des Menschen, die ihm helfen, seinen inneren Reichtum zu entdecken, und die ihm helfen, für sich Strukturen in der komplizierten, scheinbar feindlichen Außenwelt zu erkennen und zu entwickeln. Diese Fähigkeit geht dem Menschen nicht verloren, auch wenn er sie in späteren Jahren vielleicht vernachlässigt. Im Grunde können wir immer auf das Reich unserer inneren Möglichkeiten und Bilder zurückgreifen, wenn wir uns einsam und verlassen fühlen. Mit unseren Gefühlen der Einsamkeit müssen wir im Grunde selbst fertig werden. Wie das Kind können wir auf unsere Erinnerungen und unsere Phantasie zurückgreifen. Allein sein heißt nicht, daß wir uns zwangsläufig einsam fühlen müssen.

In seinem Roman »Die Entdeckung der Langsamkeit« hat Sten Nadolny den Nordpolforscher John Franklin (1786–1847) zu seinem Helden ausgewählt. Wie es sich für einen Romancier gehört, hat er die überlieferten nüchternen Daten der Biographie des englischen Seefahrers mit viel Einfühlungsvermögen umgeschrieben und mit seiner Phantasie ausgefüllt. In diesem Entwicklungsroman lernen wir John Franklin als zehnjährigen Jungen kennen, der langsam im Sprechen und Denken ist. So langsam, daß nicht nur seine Kameraden, sondern auch sein Vater ihn für blöd halten und nichts mit ihm anzufangen wissen. Der Vater ist allenfalls besorgt und ratlos. John ist ständig dem Gespött der Leute ausgesetzt; und die Eltern schützen ihn nicht davor. Doch allem Gespött zum Trotz träumt dieser einsame Junge davon, Seefahrer zu werden. Einer versteht ihn und gibt seinem Traum Nahrung: Johns Freund, der Seefahrer Matthew. Bevor Matthews Schiff wieder zu einer langen Reise ausläuft, verspricht er John, ihn bei der nächsten Reise mitzunehmen. Als Matthew eines Tages für verschollen gehalten wird, wartet John unbeirrt weiter auf ihn. Der Junge, der von seinen Eltern inzwischen auf ein Internat geschickt wurde, erfindet sich einen Helfer, um sich nicht ganz allein und verlassen zu fühlen. Sagals heißt dieser Helfer. Eines Nachts, als John wieder einmal wach in seinem Bett liegt in dem großen, kalten Schlafsaal, den er mit anderen Schülern teilt, dessen Fenster vergittert sind, dessen kahle Wände die Namen früherer Schüler zieren, hat er sich diesen Namen ausgedacht.

»Inzwischen stellte sich John einen großen Mann vor, weiß gekleidet und ruhig, der von jenseits der Saaldecke herunterblickte und zuhören konnte, auch bei schwierigen Gedanken. Mit Sagals ließ sich reden, der war nie plötzlich weg. Er sagte kaum etwas, nur ab und zu ein einziges Wort, das aber einen Sinn ergab, gerade wenn es ganz außerhalb von Johns Überlegung stand. Ratschläge gab Sagals nicht, aber an seinem Gesicht meinte John deutlich zu erkennen, was er dachte. Zumindest, ob es mehr ein Ja oder mehr ein Nein war ... Das Beste war aber, daß er Zeit hatte. Sagals blieb immer so lange über dem Saal, bis John eingeschlafen war. Matthew würde auch bald wiederkommen.«

In Sten Nadolnys Roman trägt der junge John Franklin seine nächtlichen Gespräche mit Sagals in ein Heft ein. Weil er sich seiner selbst sehr unsicher ist, wendet er einen Trick an. Er verbirgt seine eigenen Gedanken hinter der inneren Figur, mit der er spricht. Nach einer Niederlage vor dem Lehrer, der eine schnelle Antwort von seinem Schüler verlangt, die ihm John nicht geben kann, schreibt er in sein Heft: »Es gibt für alles zwei Zeitpunkte, den richtigen und den verpaßten«, und darunter: »Sagals, erstes Buch, drittes Kapitel, damit es wie ein anerkanntes Zitat aussah.«

Verbergen wir uns als Erwachsene nicht auch oft hinter den Zitaten und Argumenten anerkannter Persönlichkeiten, weil wir das Risiko fürchten, unsere Meinung allein und autonom zu vertreten, weil wir fürchten, nicht akzeptiert zu werden und plötzlich sehr einsam dazustehen? Daran ist zunächst nichts auszusetzen. Doch wenn wir mit anderen Menschen näher in Kontakt kommen wollen, ist es wichtig, den richtigen Zeitpunkt herauszufinden, diese Fassade aufzugeben, zu lernen, authentisch zu werden und zu unserem eigenen Selbst zu stehen.

So wie wir als kleines Kind zu lernen hatten, daß unser Bedürfnis nach Geborgenheit und Aufgehobensein in der Welt der Erwachsenen an Grenzen stößt, Grenzen, die wir noch nicht zu durchschauen vermochten, so erfahren wir auch als Erwachsene immer wieder neu, daß unsere Suche nach Geborgenheit nicht immer gelingt. Wir sollten nicht von einer Partnerschaft erwarten, daß sie uns vor dem Gefühl der Einsamkeit schützen kann. Die Freundinnen und Freunde, der Lebensgefährte oder die Lebensgefährtin wären damit hoffnungslos überfordert. Jeder Konflikt und Streit, wenn sie denn offen ausgetragen werden, ist eine Trennung zwischen dem *Ich* und dem *Du* und können eine sehr heilsame Wirkung zeigen (vgl. Kapitel IV). Bei jedem Konflikt können jedoch die frühen Einsamkeitsgefühle des kleinen Kindes in uns wieder aufflackern. Wir erkennen sie wahrscheinlich nicht einmal als solche, schließlich haben wir uns einen starken Rücken zugelegt. Dennoch, das kleine Kind in uns bleibt mit seinen Bedürfnissen nach Liebe und Geborgenheit wachsam, auch wenn wir uns von ihm zurückgezogen haben, seine Stimme nicht hören wollen. Ein wenig spielt es aber bei jedem Streit und Konflikt mit. Wenn das Leben nicht so ganz nach unseren Wünschen und Vorstellungen verläuft, dann fühlen sich viele Menschen plötzlich wieder so einsam wie damals. Aber wir sind nicht mehr das hilflose Kind von da-

mals. Wir haben die Verlassenheitsgefühle des kleinen Kindes, das wir einmal waren, gemeistert. Autonomie und Individualität, nach denen wir streben, sind eben nur für den Preis zeitweiliger Einsamkeitsgefühle und Angst zu haben.
Vor Einsamkeitsgefühlen sind wir an keinem Ort geschützt. Unter Kolleginnen und Kollegen werden wir sie manchmal ebenso empfindlich spüren wie in einer Paarbeziehung. Wir hoffen, daß unsere Leistungen im beruflichen Leben anerkannt werden, daß wir geliebt werden für unsere Leistungen, und müssen feststellen, daß wir nicht geliebt werden, sondern übersehen werden, daß wir beneidet, kritisiert und manchmal sogar bekämpft werden. Das kränkt und kann frühe Einsamkeitsgefühle in uns wecken, ohne daß unmittelbar konkrete Bilder unserer Kindheitserlebnisse in uns auftauchen. Daran sollten wir denken.
Wie wir Kritik von anderen aufnehmen, wie wir den beruflichen Konkurrenzkampf erleben, wie sehr wir uns dadurch beeinträchtigt, verlassen und ungerecht behandelt fühlen, wie sehr wir uns auf einen Konkurrenzkampf einlassen, ihn vielleicht sogar provozieren, oder ob wir sofort die Flügel strekken, kann mit unseren frühen Erfahrungen zusammenhängen, mit den ausgesprochenen und unausgesprochenen Anweisungen unserer Eltern, die wir verinnerlicht haben.
Und auch das kann eine Variante früher Erfahrungen sein: Ungeachtet aller Anerkennung im Beruf leben sehr viele Menschen – dies gilt besonders für Frauen – beständig mit der Angst vor Fehlern, die sie machen könnten. Sie fühlen sich ungenügend. Ihre inneren Vorstellungen und Bilder gehen nicht so weit, selbst einmal Fehler machen zu dürfen, während sie anderen Menschen durchaus Fehler zubilligen. Sie befürchten, jeder kleinste Fehler könnte sie in einen Abgrund stürzen. Obwohl sie viele Prüfungen in ihrem Leben bestanden haben, vorzügliche Zeugnisse vorweisen können, zweifeln sie an ihren Leistungen. Sie glauben nicht, daß sie sich auf ihre bisherigen Leistungen und die Anerkennung, die sie bisher bekommen haben, verlassen können. Sie halten alles nur

für Schein: ihre Leistungen, ihre Anstrengungen und selbst die Anerkennung anderer. Ihre Gedanken kreisen nur um den einen Punkt: Wenn mein Chef, wenn meine Kollegen, wenn mein Professor wüßten, wer ich wirklich bin, daß ich im Grunde überhaupt nichts kann, daß ich alles nur vortäusche, sie würden mich sofort fallen lassen.

Hinter solchen negativen Gedanken, die uns sehr einsam machen können, verbirgt sich das verletzte Ego des einsamen Kindes, das nur noch in einer verschlüsselten Sprache zu uns sprechen kann, weil wir den Kontakt zu ihm abgebrochen haben. Wären wir in solchen Momenten des Mißtrauens gegen uns selbst fähig, die Realität genauer zu betrachten, dann müßte uns eigentlich auffallen, daß wir nicht nur uns selbst abwerten. Wir werten auch unsere Mitmenschen ab: die Partnerin, den Partner, den Chef, den Kreis der Kollegen, den Professor, denen wir Menschenkenntnis und ein Beurteilungsvermögen nicht zutrauen. Das Mißtrauen gegen uns selbst übertragen wir auf andere, denen wir wiederum mißtrauisch begegnen.

Weil wir als Kind keine mitfühlende Bindung zu uns selbst aufbauen konnten, weil uns die liebevolle Begleitung und das Verständnis erwachsener Bezugspersonen fehlte, bleiben wir auch als Erwachsene oft mißtrauisch und erwarten kaum, daß andere sich für uns interessieren. Wir können nicht glauben, von anderen mit unseren Ängsten und Schwächen gemocht oder gar geliebt zu werden. Wir können nicht sehen, daß auch andere Angst vor Schwächen haben und sich manchmal einsam fühlen. Deshalb versuchen wir, die Angst und unsere vermeintlichen Schwächen zu verbergen. Hier beginnt oft ein Teufelskreis. Die Menschen, die wir als unsere Freunde bezeichnen, werden uns fremd bleiben, und auch wir werden ihnen fremd bleiben. Intime vertrauensvolle Bindungen können so nicht wachsen.

Für Psychologen ist es eine Binsenweisheit: Wenn wir unsere Geschichte nicht kennen, wenn wir um die Entbehrungen des kleinen Kindes, das wir einmal waren, niemals getrauert haben, dann werden wir seine Geschichte im gewissen Sinn als Erwachsene wiederholen. Ohne die Rückbesinnung auf das kleine Kind in uns werden wir die Gefühle von Einsamkeit und Verlassenheit, die uns manchmal ganz unerwartet im Alltag heimsuchen, nicht verstehen. »Das innere Ohr für das eigene Leiden ist taub«, heißt es bei der amerikanischen Psychologin Wieland-Burston. Die Folge, die wir nicht absehen: Wenn wir unser inneres Ohr und unsere Wahrnehmungsfenster für uns selbst verschließen, verschließen wir sie auch anderen Menschen gegenüber.

Um uns nicht weiter einsam zu fühlen, sollten wir mehr Offenheit wagen. Anstatt beständig mißtrauisch zu sein, sollten wir mehr Vertrauen wagen. Erst dann können wir neue Erfahrungen machen und etwas Neues daraus lernen. Aber genau das ist die einfache Sache, die so schwer zu machen ist. Denn gerade in schwierigen, konfliktreichen Alltagssituationen mit unseren Mitmenschen, in denen wir uns nicht verstanden fühlen, sind wir geneigt, die frühen Gefühle von Einsamkeit und Verlassenheit für die Gegenwart, ja sogar manchmal für unser Schicksal zu halten, dem wir nicht entfliehen können. Der Gedanke, es könnte sich hier um früher erlebte Gefühle handeln, die sich wiederholen, wird nicht in Betracht gezogen.

Oft fühlen wir uns trotz vieler Kontakte zu anderen einsam, auch deshalb, weil es immer wieder Augenblicke in unserem Leben gibt, in denen wir uns selbst nicht leiden und achten können. In solchen Situationen ziehen wir uns gern innerlich von anderen zurück. Wir leben dann in unserer Gedankenwelt wie in einem Gefängnishof, in dem wir immer wieder nur die gleichen Wege abschreiten können und den Ausweg, nach dem wir suchen, nicht finden. Der Strom des Lebens geht so gleichsam an uns vorbei. Aber auch die zeitweilige Selbstverachtung und der daraus folgende innere und äußere Rückzug sind ein kindliches Verhaltensmuster. Mag sein, daß wir in bestimmten Situationen gute Gründe dafür haben, uns in diesem Kindheitsmuster zu bewegen, weil wir uns dadurch geschützt fühlen. Denn wenn wir mit anderen wirklich in Kontakt treten, sind wir in gewisser Weise ungeschützt und müssen mit Verletzungen und Enttäuschungen rechnen und damit fertig werden. Vielleicht trauen wir uns das gerade jetzt in diesem Augenblick nicht zu. Das kann zeitweise durchaus berechtigt sein. Doch sollten wir dann auch die Konsequenz daraus ziehen und unseren Rückzug und die damit verbundenen Gefühle der Einsamkeit akzeptieren und nicht ignorieren.

Vor dem Gefühl der Einsamkeit zu fliehen, sich in immer neue Aktivitäten zu stürzen, sei es im Beruf oder in der Freizeit, ist nur eine vorübergehende Lösung. Gefühle sind auf Dauer nicht zu bekämpfen und schon gar nicht zu besiegen. Hier sei noch einmal Sten Nadolny zitiert, der die Erkenntnis seines Helden John Franklin, der durch eine Krankheit von seinen Kameraden isoliert ist, so formuliert: »Krankheit war keine schlechte Methode, um den Überblick zu gewinnen« (vgl. Kapitel VI). Diese Erkenntnis des Helden John könnte auch umgeschrieben werden in den Satz: Alleinsein und Einsamkeit ist die Stille nach innen, die wir zwischenzeitlich dringend brauchen, um zu uns selbst zu finden. »Man kann in dieser Sache wohl nichts vorweg wissen, muß sich vielmehr dem Dunklen, dem ›sound of silence‹ anvertrauen«, schreibt Dorothee Sölle, und sie fügt hinzu: »Wer aus Angst vor Vereinsamung die Traurigkeit flieht, wird erst recht von ihr eingeholt und unter ihrem Gewicht begraben.«

Als Erwachsene stehen wir vor der Aufgabe, Einsamkeitsgefühle in unserem Leben als Wahrheit zuzulassen – sie anzuschauen –, selbst wenn es uns noch so schwer fällt und wir davor zurückschrecken. Wir sollten unsere zeitweiligen Einsamkeitsgefühle nicht negativ bewerten. Nur so können wir verhindern, daß sie uns ganz überschwemmen, unsere sozialen Fähigkeiten, unser Bindungsbedürfnis und unsere Bindungsfähigkeiten völlig lahm legen. Um mit uns selbst gut umgehen zu können, kommen wir nicht daran vorbei, daß wir auch unsere negativen Empfindungen, unsere Angst vor der

Einsamkeit wahrnehmen und respektieren. Der Respekt vor unseren negativen, schwarz gefärbten Gefühlen, dem Schatten in uns, kann uns einen Schritt weiterführen im Leben, den Weg zu uns selbst und damit auch den Weg zu anderen zu finden. Das hat nichts mit dem Selbstmitleid zu tun, vor dem uns eine herkömmliche Moral und die Eltern immer gewarnt haben. Es käme einer Selbstvergewaltigung gleich, wenn wir uns ständig ermahnen würden, eigenes Leid und Einsamkeit nicht empfinden zu dürfen, weil es anderen Menschen schlechter geht als uns. Wer sein eigenes Leid nicht empfindet, kann auch das Leiden anderer nicht mitempfinden. Allenfalls bringt er eine versteinerte Geste des Mitleids auf.

Wenn wir uns einsam fühlen, sollten wir dieses Gefühl nicht negativ bewerten. Das ist sicher leichter gesagt als getan. Das Mißtrauen in unsere Gefühle, die negative Bewertung und Verdrängung schmerzhafter Gefühle, zu der viele Menschen gerade in konfliktreichen Situationen mehr oder weniger neigen, ist das Ergebnis einer tradierten allgemein anerkannten gesellschaftlichen Erziehung, einer Erziehung, die schon mit der Erziehung unserer Erzieher begann. Auch wenn wir erwachsen geworden sind, begleiten uns die verinnerlichten mahnenden Stimmen und einschätzenden Blicke der Eltern. Wir glauben, uns schon längst von ihnen gelöst zu haben, weil wir schließlich ganz gut ohne sie und weit von ihnen entfernt leben, weil wir Eigenes geleistet haben. Doch stimmt das meistens nicht ganz. Die innere Entbindung von den Eltern ist eine lebenslange Aufgabe. Auch der Tod der Eltern ist nur eine äußere Loslösung. Innerlich bleiben wir mit den Eltern weiter verbunden. Ja, wir beginnen oft erst nach ihrem Tod zu entdecken, wie stark und wesentlich die Bindung an die Eltern gewesen ist. Wir wollen noch etwas fragen, aber die gestorbenen Eltern antworten nicht mehr. Plötzlich spüren wir, die ersehnte Freiheit von den Eltern ist nicht die Freiheit, die wir gemeint und erhofft haben. Es ist eine Freiheit, die uns unsere Einsamkeit spüren läßt, weil der Tod unserer Eltern uns an die eigene Sterblichkeit und das Ende gemahnt.

Die frühere Liebe zu den Eltern mag oft mit Wut auf ihre Unzulänglichkeiten und ihre Abwesenheit verbunden gewesen sein, das ändert jedoch nichts daran, daß die innere und äußere Lösung von den Eltern immer mit Angst- und Schuldgefühlen verbunden ist. Angst- und Schuldgefühle machen uns einsam.

Das Bild, das wir von uns selbst haben, ist im Negativen wie im Positiven durch die Eltern geprägt worden. Aber es geht nicht allein um dieses Selbstbild, das unsere Eltern uns mitgegeben haben. Wir sind auch in Teilen unseres Selbst wie unsere Eltern. Je älter wir werden, um so weniger können wir uns der Einsicht verschließen, wie sehr wir ihnen ähneln, wie viele ihrer Eigenschaften wir selbst von ihnen übernommen haben, auch die Eigenschaften, die wir an ihnen gehaßt haben. Es ist ein langer Weg, den wir zu gehen haben, um uns trotzdem als eigenständige Person zu erkennen, unseren Wert in uns selbst zu finden, unsere Fähigkeiten, unsere Grenzen, Schwächen und Empfindlichkeiten. Es ist ein Weg, auf dem wir uns manchmal sehr einsam fühlen können. Denn auch die kritischen und mahnenden Elternstimmen, die wir verinnerlicht haben, so als wären es unsere eigenen Stimmen, geben uns einen gewissen Halt und eine innere Stütze.

Jede innere Loslösung von den Eltern gibt uns zwar mehr Freiheit für die Entwicklung unseres Selbst. Was wir aber nicht bedenken: daß die so gewonnene Freiheit uns auch einsam machen kann, weil wir alle unsere Handlungen selbst verantworten müssen.

# III. Einsamkeit hat viele Gesichter

Die schwierige Suche nach Identität und einer eigenen Rolle im Leben

»Die Einsamen«, so sagte schon George Simenon, »sind im Lauf der Jahre mehr geworden. Man erkennt sie am Gang, der keine schnellen Schritte, der kein genaues Ziel kennt, und man erkennt sie an ihren Blicken, die in den Augen der anderen einen Halt zu finden hoffen.«

*Paul – Ich hatte kein Ziel*

»Du, hast du ihn gehört, den Laut in der Stille dieser Nacht. Es war der Laut meiner Einsamkeit.« Paul war 25 Jahre alt, als er diese Sätze in seinem Tagebuch notierte. Er erinnert sich noch genau daran. »Mein Abitur hatte ich in der Tasche, der Zivildienst lag nun auch schon lange hinter mir. Ich wußte nicht, wie es weitergehen sollte. Ich arbeitete als Taxifahrer. Ein Berufsziel hatte ich nicht. Ich hatte überhaupt kein Ziel. In den ersten Jahren machte mir das Taxifahren sogar Spaß. Ich fand es total spannend, immer wieder neuen Menschentypen zu begegnen. Später war es nur noch Frust.«
Es war keine bestimmte Person, für die Paul damals schrieb. Dieses ›du‹ hatte keinen Namen. Aber er suchte nach einem Menschen, nach einem Ziel.
»Die alten Freunde waren weg, studierten anderswo. Jeder machte irgendwie sein Ding. Auch wenn man sich noch manchmal zufällig traf und miteinander redete, fehlte da etwas. Man konnte sich nicht mehr so wie früher auf gemeinsame Erfahrungen berufen. Etwas Fremdes war zwischen uns getreten. Ich sehnte mich nach einer Freundin, war aber viel zu schüchtern den Frauen gegenüber. Ich sehnte mich nach Menschen, mit denen ich reden konnte, so wie früher. Aber da war weit und breit niemand in Sicht. Keiner interessierte

sich für mich, keiner brauchte mich. Das war mein Gefühl. Die üblichen Kneipengespräche langweilten mich. Und die Disco fand ich nur noch ätzend. Damals begann ich Tagebuch zu schreiben, das hat mir etwas geholfen, klarer zu denken. Jetzt möchte ich eine Lehre in einer Schreinerei beginnen. Vielleicht schaffe ich es noch.«

Selten sind es die sozialen Kontakte, die jungen Menschen fehlen. Es ist eher ein Mangel an intimen, emotionalen Beziehungen und Bindungen, den sie beklagen. Sie sprechen ähnlich wie Paul davon, nicht gebraucht zu werden, für niemanden wichtig zu sein, kein Ziel zu haben. Andere sprechen von der Sinnleere in ihrem Leben. Und wieder andere sprechen von ihrer Angst, nicht akzeptiert zu werden, so wie sie sind.

*Manuela – Einsamkeit hat sehr viel mit Angst zu tun*

»Wenn ich zum Beispiel mit Leuten über meine Gedanken reden will, und ich merke, die hören mir gar nicht richtig zu, dann ist das sehr verletzend. Ich denke natürlich sofort, das liegt an mir. Ich kann mich nicht richtig verständlich machen. Das macht alles nur noch schlimmer. Denn dann kommt so ein Gefühl von Einsamkeit in mir hoch. Ich werde ganz stumm, ziehe mich zurück. Ich fühle mich wie in einen durchsichtigen Kokon eingeschlossen, der mich von den anderen ausschließt. Ich sehe und höre alles um mich herum, aber da ist niemand, der mich wirklich sieht und hört. Ich kann das so zusammenfassen: Einsamkeit hat sehr viel mit Angst zu tun. Um nicht verletzt zu werden, schließt man sich lieber selber aus, bevor man von den anderen ausgeschlossen wird. So ein Grundgefühl von Einsamkeit ist immer bei mir da, wenn ich in einer Gruppe bin oder wenn ich in einem Seminar an der Uni sitze. Natürlich versuche ich das zu überspielen, ohne Überzeugung, daß es mir gelingt. Denn gleichzeitig denke ich, jeder durchschaut mich.«

Es sind nicht wenige junge Menschen, die sich wie Manuela in einer Art vorauseilendem Gehorsam freiwillig ausgrenzen, um ja nicht ihr Gesicht zu verlieren. Sie haben Angst vor Enttäuschungen. Sie haben Angst, eine Niederlage zu erleiden, und vermeiden es, auf andere zuzugehen. Die innere Einsamkeit, von der Manuela gesprochen hat, kann so sehr schnell auch in eine soziale Isolation umkippen. Die Scham, über innere Nöte und Unsicherheiten zu sprechen, die Scham, nicht so perfekt zu sein wie die anderen, ist zwar nicht nur das Problem der jungen Generation, doch wird das Problem von jüngeren Menschen bei der Suche nach ihrer Identität besonders heftig erlebt. Gerade bei dieser Suche fühlen sie sich unsicher und allein. In ihrem Roman »Penelope im Krieg«, der die Entwicklungsschritte einer jungen, ehrgeizigen Frau zum Thema hat, beschreibt die Schriftstellerin Oriana Fallaci dieses Gefühl. »Glaube demjenigen nicht, der sagt, wir seien unseres Glückes Schmied. ... Du bist allein, ganz allein, und bist du verwundet, brauchst du gar nicht auf Hilfe zu warten, denn da gibt es keinen Vater, keine Mutter und keinen Geliebten und keinen Bruder, die mit dir ihre Zeit vergeuden könnten.«

Das Gefühl, etwas Besonderes leisten zu müssen, das Streben nach Vollkommenheit stellt sich jeder heranwachsenden Generation wieder neu, so als könne man erst durch die Besonderheit seine Existenzberechtigung in dieser Welt beweisen. Dieses Streben muß nicht unbedingt negativ sein. Was die Sache heute so schwierig macht, ist, daß die Ziele und Ideale unklarer, fast undurchschaubar geworden sind (vgl. Kapitel I). Es mangelt an lebensnahen Vorbildern, an denen junge Menschen sich orientieren können. Je mehr sich die technischen Kommunikations- und Informationsmöglichkeiten in den letzten Jahrzehnten verändert und erweitert haben, je schneller gewohnte gesellschaftliche Strukturen verworfen werden, desto mehr scheint bei manchen Menschen das Empfinden zu wachsen, sich ohne kontinuierliche Bezugspunkte durch das Leben zu bewegen. Auf der Suche nach dem Sinn des Lebens finden sie keine Antwort, so wie der junge Fürst Myschkin in Fjodor M. Dostojewskis Roman

»Der Idiot«. Fürst Myschkin, der aus der Abgeschiedenheit der Schweizer Berge in sein Heimatland zurückkehrt, erfährt, wie einsam sich ein Mensch inmitten der Gesellschaft fühlen kann, wenn die kontinuierlichen Bezugspunkte fehlen.
Die Jahre zwischen zwanzig und dreißig sind wichtige, entscheidende Jahre. Sie markieren einen Lebensabschnitt, in dem die Weichen für die weitere Persönlichkeitsentwicklung eines Menschen und dessen Position in der Gesellschaft von ihm selbst gestellt werden. Es kommt nun auf eigene Entscheidungen an.
Diffuse, hochfliegende Träume, was man alles kann, will und verändern möchte in dieser Welt und in seinem eigenen Leben, die Enttäuschung, wenn man an Grenzen stößt, an die eigenen, die der anderen und an gesellschaftlich gesetzte Grenzen, die berühmte, allzu drängende Ungeduld der ›Lehr- und Wanderjahre‹, das alles ist kennzeichnend für diesen Lebensabschnitt. Nicht zu Unrecht wird diese Periode von denjenigen, die sie hinter sich gelassen und ganz gut überstanden haben, nicht als rosig, sondern als sehr belastend beschrieben.
Die ›goldene Jugendzeit‹ – wie es früher hieß – ist die Zeit, in der junge Menschen sich aus der sozialen und inneren Abhängigkeit von den Eltern lösen müssen, in der sie ihre Erwachsenenrolle im Leben finden sollten. Es ist die Zeit bewußt erlebter Individuation, in der das Gleichgewicht zwischen Nähe und Distanz zu anderen in einem größeren sozialen Umfeld neu gefunden werden muß. Sexuelle Wünsche, die Fragen, wer bin ich, welche Rolle kann ich als Erwachsener in der Gesellschaft übernehmen, wie finde ich eine Partnerin oder einen Partner für mein Leben, gewinnen in diesen Jahren eine neue, bedrängende Qualität. Und die Diskrepanz zwischen Rollenphantasien, zwischen den Träumen, was man alles verwirklichen möchte und dann doch nicht verwirklichen kann, wird besonders schmerzhaft erlebt. Es ist die Zeit, in der junge Menschen sehr viele Fragen haben, aber keine eindeutigen Antworten darauf finden.

Die Phase der Adoleszenz, die Übergangszeit vom Jugend- ins Erwachsenenalter, hat sich verlängert und ist zu einer eigenständigen Lebensphase geworden. Jungen Menschen wird heute eine längere Experimentierphase für eigene Lebensentwürfe zugestanden – dies fast unabhängig davon, aus welcher sozialen Schicht sie stammen. Auch jungen Frauen wird diese Experimentierphase teilweise zugebilligt. Einfacher als früher ist das Leben der jungen Generation dadurch sicher nicht geworden. Allenfalls haben sich die Probleme verändert. In der Realität ist diese Zeit des Experimentierens heute wie früher mit vielen inneren Unsicherheiten, Zukunftsängsten und Verlassenheitsgefühlen verbunden. Die Identität einer Person hat heute scheinbar nur noch wenig mit der Herkunftsfamilie zu tun. Im Gegenteil, fast jeder glaubt zunächst, seine Identität nur losgelöst von der Herkunftsfamilie zu finden. Aber all unsere Lösungsversuche von der Herkunftsfamilie können auch die frühen Einsamkeitsgefühle des Kindes wieder in uns wecken.

### *Gerd – Schließlich ist man auch im Tod allein*

»Plötzlich ist man nicht mehr das Kind seiner Eltern, die einem ständig sagen können, was man eigentlich zu tun und zu lassen hat, obwohl sie es häufig doch noch versuchen. Man ist jetzt eine eigene Person und letztlich auch für sein Leben verantwortlich. Also, wenn man Fehler in seinem Beruf oder sonst wie macht, muß man sie selber ausbügeln. Man kann damit nicht mehr zu seinen Eltern rennen. Man will es ja auch nicht, weil die Eltern einem doch nicht mehr so nah sind, weil man ihnen etwas beweisen will. Aber trotzdem, so abgeschnitten zu sein von den Eltern, das ist ein besonderes Gefühl des Alleinseins auf der Welt, das einen da beschleichen kann. Man muß das Gefühl erst mal verkraften, allein für sich die Verantwortung zu übernehmen. Versagensängste, Einsamkeitsgefühle und Gedanken an den Tod kommen da auf. Bei mir jedenfalls war und ist das so. Ich denke aber oft, wenn man stirbt, ist man schließlich auch allein. Keiner kann einem dabei helfen. Der Gedanke gibt mir merkwürdigerweise irgendwie Kraft.«

Individuation, die Suche nach einem eigenen Platz im Leben, heißt, sich trennen zu müssen von vielem, was uns gewohnt und vertraut war und was für die bisherige äußere und innere Sicherheit im Leben stand. Die Ablösung von den Eltern ist ein langer Prozeß, der nicht mit dem Auszug aus dem Elternhaus, der beruflichen und finanziellen Selbständigkeit abgeschlossen ist. Therapeuten wissen es: Die äußere Ablösung und Unabhängigkeit von den Eltern hat wenig mit der inneren Ablösung von ihnen zu tun. Als innere Gestalten und Stimmen sind die Eltern immer bei uns, auch wenn wir nichts mehr mit ihnen zu tun haben wollen und die Entfremdung von ihnen spüren. Selbst in der Psychotherapie mit älteren Klientinnen und Klienten spielen die Eltern immer eine zentrale Rolle. Die frühe Bindung und Abhängigkeit von ihnen, innere Trennungsversuche, das augenblickliche Verhältnis zu ihnen stehen im Mittelpunkt der meisten Therapien. Dies alles im Bestreben, das Verhältnis zu den Eltern auf der jeweils erreichten Stufe der eigenen Lebensleiter neu zu klären und zu definieren.

So paradox es klingen mag: Auch wenn wir eine sehr liebevolle Begleitung durch unsere Eltern in der Kindheit erfahren haben, kann dies später Gefühle von Ungeborgensein und Angst auslösen, wenn wir plötzlich allein auf uns gestellt sind (vgl. Kapitel II).

### *»Exodus aus der Kindheit«*

Im Alter von 32 Jahren berichtet der Schriftsteller Peter Stephan Jungk in einem Essay über seine Kindheit und den schwierigen Ablösungsprozeß von den Eltern: »Der Vierjährige, Fünfjährige schon glaubte zu wissen: ihnen (den Eltern) Augapfel, Herzstück, höchstes Gut auf Erden zu sein … Kein Tag verging ohne vielfachen Liebesbeweis … Niemals der Befehl zu stumpfem Gehorsam ... Dem Heranwachsenden waren seine Eltern Lehrmeister, Vorbilder, Weggefährten ... Aus dem Herzen solcher Ideal-Kindheit, in der kein Pulsschlag zum Widerspruch aufzustacheln schien, in der jeder Wunsch von der Kinderstirn abgelesen und nach Möglichkeit erfüllt wurde, schoß dennoch Gegenteil hervor, urplötzlich der Wille zur Loslösung, ... endlich Eigenes, Selbständiges zu erleben, Geheimes zu horten ... Ein Loslösungskampf begann, zunächst von Niederlage zu Niederlage stolpernd, doch getragen von wildem Anrennen gegen alles Bisherige, gerade auch gegen bisherige Geborgenheitsgefühle.«

Als Zweiundzwanzigjähriger versucht Stephan Jungk sich mit Gewalt aus dem Elternhaus loszureißen. Er zieht in ein anderes Land, erstmals lebt er in großer geographischer Entfernung zu seinem Elternhaus. Er findet sich wieder als Suchender in der Fremde. »Ein bislang durchaus Unvorbereiteter tastete sich da in einer Überhelligkeit und Pechdunkelheit vorwärts ... Im Übersee-Exil funktionierte das Telefon als verlängerte Nabelschnur ... Man kann einander in Sekundengeschwindigkeit wieder festhalten, von Stimme zu Stimme, Ratschläge erbitten, sofort Tröstung, Zuspruch, Hilfestellung erhalten ... Zur Eigenständigkeit niemals erzogen, begann erst während dieser ersten tatsächlichen Trennung die Arbeit an einer Selbsterziehung, die heute, zehn Jahre später, noch keineswegs als abgeschlossen gelten kann.«

Die Trennung von den Eltern ist lebensnotwendig, aber es gibt sie nicht. Das ist das Fazit, das Peter Stephan Jungk in seinem Essay zieht. Damit erkennt er an, was unsere Wirklichkeit ist. Einsamkeitsgefühle zeigen lebensgeschichtlich immer in zwei Richtungen. Die eine Richtung verweist auf die Vergangenheit, die andere auf die Zukunft, die unsicher ist. Ob es nun um aktuelle Partnerschaftsprobleme geht oder die Schwierigkeit, überhaupt eine Partnerin oder einen Partner zu finden, ob es um Angst vor Entscheidungen geht, um die Frage, wie ich mir eine berufliche Perspektive nach meinen Wünschen aufbauen kann, ob es um Versagensängste im Studium oder Beruf geht oder ob wir auf Abwehr zu den Eltern gegangen sind und alles ganz anders machen wollen als sie – auf der Hinterbühne des Geschehens sind sie immer noch anwesend. Wer um seine innere Autonomie ringt, fühlt sich oft traurig und verlassen.

*Kira – Wenn ich jetzt den Sprung nicht schaffe*

»Ich war 25, als ich mein Elternhaus verließ und in eine andere Stadt zog, nach Hamburg. Ein später Entschluß. Ich glaubte, wenn ich jetzt den Sprung nicht schaffe, schaffe ich ihn nie. Ich wollte endlich eigenständig werden und glaubte, es mir schuldig zu sein. Von meinen Eltern und von meiner Chefin, bei der ich meine Lehre zur Friseurin gemacht hatte, wurde ich noch immer behandelt wie das kleine Mädchen. Die meinten es gut mit mir. Meine Umzugspläne habe ich zuerst vor allen verheimlicht. Ich hatte Angst vor einer Auseinandersetzung. Das war ein blödes Gefühl. Ich hatte ständig ein schlechtes Gewissen und Schuldgefühle, konnte gar nicht mehr reden mit ihnen. Das hat mich völlig fertig gemacht. Irgendwie fühlte ich mich sehr schlecht und einsam dabei.
Als Kleinstädterin faszinierte mich Hamburg zunächst. All die kulturellen Angebote: Kino, Theater und so. Aber ich nehme sie nicht wahr. Wenn ich Feierabend habe, bin ich fertig. In meinem Beruf muß ich mich ganz allein behaupten. Da gibt es schon Konkurrenz und Intrigen. Jetzt vermisse ich die Unterstützung meiner Chefin, die ich immer mal fragen konnte. Hier kann ich niemanden fragen. Das Wochenende überstehe ich meist nicht sehr gut, da fällt mir immer der Himmel und die Großstadt auf den Kopf. Manchmal reise ich dann Hals über Kopf zu den Eltern. Da habe ich wenigstens noch meine Tiere, zwei Katzen und einen Hund, zum Schmusen.«
Wenn ein neuer Lebensabschnitt beginnt, möchten wir bewußt oder unbewußt aus den alten Lebenszusammenhängen etwas herüberretten in die neue Lebenssituation. Der Psy-

chotherapeut Theodor Seifert formuliert das so: »Eine kindliche Haltung wird nicht aufgegeben, Verhaltensweisen, die angesichts drohender Schwierigkeiten in früheren Lebensverhältnissen sinnvoll waren, werden nicht durch neue ersetzt, die den Anforderungen der Gegenwart entsprechen.« Doch kann unser Leben nur zur Reife gelangen, wenn wir lernen, Abschied zu nehmen und uns von kindlichen Haltungen zu trennen. Damit sind aber auch Gefühle von Traurigkeit, Wehmut und Angst verbunden.

*Vanessa – Ich stehe an einem Fluß und gebe auf*

Nach der Trennung von ihrem Freund notiert Vanessa in ihrem Tagebuch:

29. November
»Ich habe geträumt, ich lauf durch eine Stadt und verlauf mich. Ich muß ganz dringend irgendwo hin. Doch je weiter ich laufe, desto mehr verliere ich die Orientierung. Ich stehe an einem Fluß und gebe auf.
Da kommt der M. durchs Wasser geschwommen. Er steigt trocken aus dem Fluß und nimmt mich in den Arm, streichelt mich und tröstet mich.

14. Dezember
Ich hätte so gerne jemanden bei mir. Jemanden zum Ankuscheln, zum Streicheln und Drücken. Am dringendsten ist mein Bedürfnis nach Zärtlichkeit. Wenn ich mir vorstelle, daß ich den M. nie wieder küssen kann! ... Nie wieder wird er mich streicheln und umarmen, ich werde mich nie mehr an ihn schmiegen können, um seine Wärme zu spüren. Meine Sehnsucht nach seiner Wärme ist so groß. Ich habe mir sogar überlegt, ob ich Mutti frage, ob ich wieder bei ihr wohnen und schlafen kann, aber ich habe mich nicht getraut, sie zu fragen.
ICH WILL NICHT ALLEINE SEIN. BITTE!

1. Februar
Die Zukunft!
Studium in Deutschland?
Frankreich – Ferienjob, Au-pair!
Schreiben – Volontariat bei einer Zeitung?
Musicalschule in Frankreich oder USA. Dann Prof. für Theater usw.
Frankreich – Filmschule, Schauspielschule, dann USA Theater, Prof.

20. Mai
Ich wünsche mir, jemand würde ein Lied für mich komponieren, ohne zu wissen, daß ich es gern so hätte, sondern weil er/sie an mich denkt und ihn/sie das inspiriert, oder auch: daß er/sie ein Lied komponiert und dieses Lied ihn/sie an mich erinnert. Ich schreibe jetzt gerade in der er & sie Form, weiß auch nicht wieso. Ich habe in letzter Zeit starke Sehnsucht nach einem innerlich schönen, starken Menschen. Einem Menschen, der ganz in sich ruht und irgendein Instrument als Ausdrucksmittel für seine Gefühle gewählt hat. Ich glaube, ich wäre gerne selbst so ein Mensch.«

## Der Mensch braucht ein Gegenüber, in dem er sich spiegeln kann

Kein Mensch kann ohne intime, emotionale Bindungen auskommen. Wie das ganz kleine Kind den Spiegel im Leuchten der Augen seiner Mutter braucht, ist auch der erwachsene Mensch auf den Spiegel eines Gegenübers angewiesen, auf Menschen, denen er sich mitteilen kann. Wer wirklich innerlich einsam ist, wird des Lebens müde, wie der Protagonist in Georges Simenons Roman »Der Mann mit dem Hund«. Einem inneren Impuls folgend, kauft sich Felix Allard, der allein mit seinem Hund Bib lebt, ein blaues Schulheft, »blau wie der Himmel«, in das er seine Notizen über sein Leben und seine Philosophie einträgt. Er möchte sich anderen mitteilen, bevor er freiwillig aus dem Leben scheidet. Bib, sein Hund, müßte dann auch sterben. Daß Felix Allard allein lebt, ist nicht immer so gewesen. In seinem blauen Schulheft steht: »Früher bin ich vom Kaffeeduft wach geworden, von den Schritten meiner Mutter in der Küche; dann vom Rasseln eines Weckers und später durch die Bewegungen und die Wärme eines weiblichen Körpers neben mir. Babygeschrei hat mich aus dem Schlaf gerissen, das Getrappel von Kinderfüßen im Nebenzimmer.«

Über seinen Entschluß zu schreiben notiert Felix Allard in seinem blauen Schulheft, daß er diese Entscheidung nicht dramatisieren will, daß er nicht sentimental werden will, obwohl er keine Zukunft mehr für sich sieht. »Ich bin nur ein Mensch unter Millionen. Ich bin wie alle, die in dem Augenblick leben oder sterben, in dem ich hier sitze und schreibe. ... Ich hätte auf jeden Fall etwas aufgeschrieben. Aber ich dachte eher an einen Brief – einen ziemlich langen Brief vielleicht an keine bestimmte Person gerichtet – ich habe niemand, dem ich ihn schicken könnte.« Beschäftigt mit seinen Erinnerungs-Notizen, die zwischen Vergangenheit und Gegenwart schwanken, schiebt der Protagonist den Tag seines endgültigen Abschieds vom Leben immer wieder hinaus.

Der Mensch ist ein soziales Wesen. Er will arbeiten, lieben und wiedergeliebt werden. Er braucht die innere Verbundenheit mit anderen Menschen. Er braucht das Vertrauen in andere Menschen, wenn er seine Zukunft entwerfen will. Über diese Sehnsucht zu sprechen fällt schwer. Die Scheu davor ist groß in einer Gesellschaft, in der es fast schon als ›chic‹ gilt, ein Single zu sein. Wer möchte schon gern als Sozial-Romantiker oder als einsam abgestempelt werden! Lieber gibt man sich cool, staffiert sich – wenn das Geld reicht – mit den käuflichen Statussymbolen aus, brüstet sich mit der Vielzahl sozialer Kontakte und Beziehungen oder trifft sich mit anderen Singles auf einer ›Blind-Date-Party‹. Nach einer wilden Nacht, einem geselligen Abend oder nach einem stressigen

Arbeitstag mit vielen ›meetings‹ ist man dann wieder allein in seiner ewigen Studenten-Bude, in der gepflegten Zwei- oder Drei-Zimmer-Wohnung und weiß nichts mehr mit sich anzufangen, weiß nicht mehr, was das alles soll. Allein mit sich selbst, fühlt man sich manchmal eben nicht mehr beherbergt, nicht mehr gebraucht und geachtet. Sicher, der Beruf und das respektable Gehalt auf dem Bankkonto sind eine Stütze gegen Einsamkeitsgefühle, doch reicht das nicht ganz aus. Auch das Studium, der tägliche Gang in die Universität, wenn man ihn denn schafft, geben dem Leben einen gewissen Rahmen. Aber wofür müht man sich ab, wenn es kein Gegenüber gibt, wenn wir dieses Gegenüber nicht finden? So jedenfalls fragen sich viele, die allein leben und sich innerlich einsam fühlen. Wenn auch Medien und Werbung fasziniert auf das vermeintlich wilde Lieben und muntere Leben der Singles schauen, so entdecken doch immer mehr Literaten und Psychologen »hinter der Fröhlichkeit die Menetekel von Kälte, Verachtung und Einsamkeit« (Der Spiegel, Nr. 10/2000).

Der Mensch braucht das Gefühl, für andere wichtig zu sein, oder wie die bereits zitierte amerikanische Psychoanalytikerin Joanne Wieland-Burston schreibt: »Wir brauchen ein Gegenüber, in das wir unsere eigenen positiven Gefühle investieren können …, ebensosehr wie wir es brauchen, selbst Objekt solcher Gefühle zu sein.«

Wenn es gut ging in der Kindheit, dann waren es zuerst die Eltern, die Großeltern und die Geschwister, dann die Freundinnen und Freunde, in die wir unsere liebevollen Gefühle – trotz aller Ambivalenzen und mancher Streitigkeiten – ›investieren‹ konnten. Und umgekehrt waren wir für sie die Person, auf die sich ihre liebevolle Aufmerksamkeit richtete. Wir sind gleichsam hineingewachsen in diese emotionalen Bindungen, vielleicht sogar ohne das Gefühl, uns besonders anstrengen zu müssen. Sie haben das ›Lied‹ unseres Lebens komponiert.

Als Erwachsene brauchen und wünschen wir uns neue Komponisten. So wie es Vanessa in ihrem Tagebuch notiert hat. Sie zu finden fällt nicht immer leicht. Die Bereitschaft, selbst für andere etwas zu komponieren, gehört genauso dazu wie die Bereitschaft, sein eigenes Leben zu komponieren. Vanessas Sehnsucht nach ›einem innerlich schönen und starken Menschen‹ ist gleichzeitig ihre Sehnsucht danach, selbst innerlich schön und stark zu werden.

In jedem Lebensalter kann es uns passieren, daß wir vor der Aufgabe stehen, emotionale Bindungen an andere Menschen ganz neu knüpfen zu müssen. Im Vordergrund steht oft das Gefühl, daß wir uns dabei sehr anzustrengen haben, daß wir etwas Besonderes vorweisen müssen, um die liebevolle Aufmerksamkeit und Anteilnahme anderer Menschen erringen zu können. Wir haben eine Vorstellung im Kopf, wie wir idealiter sein müßten. Wir haben ein Ich-Ideal im Kopf, wie die Eltern uns gerne haben wollten, oder wir orientieren uns an den vielfältigen gesellschaftlichen Kontexten und Bezügen, in denen wir leben. Dieses ideale *Ich* ist leider selten eine innere Gestalt, die uns tröstest und hilft, mit schwierigen Situationen im Leben gut umgehen zu können. Es ist oft eine innere Gestalt, die uns antreibt und quält, die destruktiv mit uns umgeht, die uns beschuldigt, auf Fehler verweist; es ist eine Schattengestalt, die uns ständig sagt, was man alles besser hätte machen können und sollen in dieser oder jener Situation des Lebens.

## Unser Selbstwertgefühl

Ein unstabiles Selbstwertgefühl führt dazu, die eigenen Kompetenzen und Fähigkeiten oder die Realität nicht richtig einzuschätzen. Oft sind es gerade Menschen mit einem sehr geringen Selbstwertgefühl, die besonders hohe Erwartungen an sich stellen, die sich dann sehr allein mit diesen Erwartungen fühlen. Wer ein einfaches Referat während des Studiums zu schreiben hat, glaubt gleich eine Diplom- oder Magisterarbeit daraus machen zu müssen. Er vergleicht seine eigene Arbeit vielleicht mit einem tollen Buch, das er gerade zum Thema gelesen hat. Das Ergebnis: Er hält seine eigene Arbeit für nichtig und klein. Weil sie sich mit dem Buch nun wirklich nicht messen kann, gibt er vielleicht lieber auf, um eine Kränkung des Ego zu vermeiden. Doch wäre es einen Versuch wert gewesen, die Arbeit trotzdem zu schreiben. Um die hohen Erwartungen an sich selbst zu relativieren, kann ein einfacher ›Trick‹ helfen, nämlich die eigene Arbeit mit der von anderen Kommilitonen oder Kollegen zu vergleichen und über Schwierigkeiten mit ihnen offen zu sprechen.

Sicher, kein Mensch erleidet gern eine Niederlage oder läßt sich gerne kränken. Aber oft sind die erwarteten Kränkungen und Niederlagen eine Kopfgeburt, ein Produkt ängstlicher Phantasien. Wenn wir uns selbst mißtrauen, uns unsicher fühlen, schneiden wir bei einem Vergleich mit den Fähigkeiten und Leistungen anderer meistens schlecht ab. Wir neigen dann dazu, unsere Leistungen zu bagatellisieren und die der anderen zu idealisieren oder sie mit neidischen Blicken zu betrachten. Der- oder diejenige hatten eben die besseren Startchancen im Leben durch ihr Elternhaus. In dieser Sichtweise kann ohne Zweifel ein Körnchen oder ein Teil der Wahrheit liegen. Mehr aber auch nicht. Trotzig bei dieser Sichtweise stehenzubleiben bestärkt die Neid- und Einsamkeitsgefühle, verleiht ihnen aber auch einen narzißtischen Genuß. Der selbstbezogene, traurige Blick in den Spiegel der Vergangenheit verhindert den Blick in den Spiegel der Gegenwart, verhindert den Blick auf die Mitmenschen.

Jedes Handeln und Tun birgt auch das Risiko in sich, Fehler zu machen. Aber Fehler zu machen heißt nicht unbedingt, daß wir in den Augen der anderen gleich eine Niederlage erlitten haben, geschweige denn, daß wir nichts wert sind. Auch wenn wir uns in unserer Kindheit oft von den Eltern im Stich gelassen fühlten, sie wenig hilfreich waren, das Vertrauen in uns selbst zu stärken, stehen wir doch immer neu vor der Aufgabe, unser Leben zu meistern. Selbst die Menschen, deren Startchancen ins Leben scheinbar besser als die unseren waren, sind nicht vor Niederlagen geschützt. Auch sie müssen Niederungen des Alltags durchwandern. Ihre Probleme und ihre Niederlagen, die sie zu bewältigen haben, sehen nur etwas anders aus.

### *Greta Petersen – Junge Frauen trauen sich ein Studium oft gar nicht zu*

»Viele junge Menschen kommen zu mir in die Praxis und sprechen von ihren verschiedenen Arbeitsproblemen. Sie sind ehrgeizig, haben sich eine Aufgabe gestellt und meinen nun, sie nicht erfüllen zu können. Sie glauben, den Anforderungen im Studium oder Beruf nicht gewachsen zu sein, und fühlen sich damit sehr allein. Sie können zwar im Kopf etwas entwerfen, aber sie scheuen sich, es dann auch umzusetzen. Häufiger noch als Männer leiden Frauen an einem Mangel an Selbstwertgefühl. Sie trauen sich das Studium nicht zu, oder sie trauen sich nicht zu, eine höhere Position im Beruf zu erreichen. Die Symptome äußern sich in scheinbaren Nichtigkeiten. Sie haben Angst, etwas Falsches zu sagen oder zu tun, sie ziehen sich zurück und fühlen sich innerlich wie gelähmt. Sie können sich nicht mehr konzentrieren. Andere kommen und sagen im Gespräch: Ich kann nachts nicht schlafen. Ich wache morgens auf und habe nur noch Angst. Sobald ich unter Menschen bin, werde ich ständig rot und bekomme Schweißausbrüche. Ich kann keinen Anschluß an andere Menschen finden. Ich kann keinen Partner finden. Was kann ich dagegen tun?«
Die Einsamkeit, von der die Heidelberger Psychologin und Psychotherapeutin Greta Petersen spricht, die Einsamkeit, die mit Leistungs- und Versagensängsten verbunden ist, unter der nicht nur Frauen, sondern auch Männer leiden, wird nicht unbedingt bewußt als solche erlebt und thematisiert. Einsamkeit hat viele Gesichter und kann sich in vielen Symptomen äußern. Schlaflosigkeit, Kopfschmerzen, Herzschmerzen,

Magenverstimmungen, diffuse Angstgefühle, Antriebsschwäche, Depression, Konzentrations- und anhaltende Sprachstörungen können die Folgen sein. Die Beispiele ließen sich beliebig fortsetzen. Psychosomatische Störungen haben einen tieferen Sinn. Wir können andere damit auf uns aufmerksam machen und die Beachtung erheischen, von der wir glauben, daß wir sie sonst nicht bekommen. Oder wir können das Krankheitssymptom als Anlaß vorschieben, um Kontakte zu anderen zu vermeiden. Die Migräne oder die Magenverstimmung sind immer ein guter Grund, eine getroffene Verabredung, die uns ängstigt, abzusagen (vgl. Kapitel VI).

Einsamkeitsgefühle beruhen auf einem Mangelzustand. Wir können sie positiv als Warnzeichen betrachten. Sie zeigen uns an, daß uns etwas fehlt. Sie weisen auf ein instabiles, leicht zu erschütterndes Selbstwertgefühl oder auf einen grundsätzlichen Mangel an Selbstvertrauen hin. Fast wie bei einem Süchtigen, dessen Interesse und Gedanken nur der Droge gelten, konzentrieren sich die Gedanken der Menschen, die unsicher sind, die wenig Selbstvertrauen und Selbstwertgefühl haben, fast ausschließlich auf ihr vermeintliches Ungenügen, auf ihre Ängste zu versagen oder etwas falsch zu machen. Und in der Tat machen unsichere Menschen – wie wir alle – Fehler. Manchmal machen sie aus Unsicherheit sogar mehr Fehler als andere. Aber sie können sich ihre Fehler nicht verzeihen, vielmehr sehen sie darin die Bestätigung, ungenügend oder nichts wert zu sein. Daraus erwachsen wieder neue Fehler und Selbstanklagen. Während eines Gespräches oder gar in einer öffentlichen Diskussion nach einem Vortrag, den sie gehört haben, schweigen unsichere Menschen lieber, nur um nichts Falsches zu sagen. Das Ergebnis ist: Sie ärgern sich nachträglich über sich selbst und beschuldigen sich, nichts gesagt zu haben.

Ob es nun um freundschaftliche und sehr intime Beziehungen geht oder um soziale und berufliche Kontakte, die wir brauchen, immer wieder kann da etwas schief laufen und es kann zu Mißverständnissen kommen. Es gibt wohl kaum einen Menschen, der nicht hin und wieder von Unsicherheit und Selbstzweifeln geplagt wird. Wir wollen einen besonders schönen Satz sagen, ein wichtiges Argument vorbringen, und plötzlich scheint unser Gehirn leer, die Sprache versagt ganz, oder wir verhaspeln uns; und was aus unserem Mund herauskommt, ist nicht das, was wir sagen wollten, oder es ist ein peinlicher Versprecher. Gerade in Zeiten, in denen unser Selbstwertgefühl am Boden liegt und Selbstzweifel uns plagen, kann uns so etwas häufiger passieren. Dann ziehen wir uns innerlich zurück. Doch gleichzeitig vermissen wir die Aufmerksamkeit und Zuwendung anderer Menschen, die wir so notwendig brauchen. Im Grunde aber wollen wir etwas haben und denken nicht mehr daran, daß wir etwas geben können, weil wir uns so klein und unwichtig fühlen.

## Angst vor der Einsamkeit

Selbst wenn wir nicht gerade von Selbstzweifeln zernagt werden, sind wir nicht vor Einsamkeitsgefühlen geschützt. Viele Singles bekommen die Einsamkeit fast täglich zu spüren. Über diese Einsamkeit erzählt der dreißigjährige Peter: »Sobald ich am Abend von der Arbeit nach Hause komme, führt mich mein erster Weg zum Briefkasten. Finde ich nur Reklame und keine persönliche Postkarte, keinen Brief darin, bin ich enttäuscht. Der zweite Weg führt zum Anrufbeantworter. Bei der sterilen Frauenstimme – keine Nachrichten vorhanden – falle ich endgültig in ein tiefes Loch. Keiner interessiert sich für mich, denke ich. Manchmal gehe ich dann in den türkischen Laden in meiner Straße. Ich kaufe etwas ein, was ich gar nicht brauche, nur weil ich dort freundlich begrüßt und aufmerksam bedient werde.«

Wer allein lebt, kennt die Angst vor Einsamkeitsgefühlen. Die eigene Wohnung erscheint alleinlebenden Menschen oft leer. Auch wenn sie ihr Zuhause sorgfältig und liebevoll ausgestaltet haben, gelingt es vielen Alleinlebenden nicht, ihr Zuhause durch ihre eigene Gegenwart zu beleben. »Seit meiner Scheidung vor zehn Jahren lebe ich allein. Ich will nicht wieder mit einem Mann zusammenleben«, sagt die 40jährige Gabi. »Ich bin Dekorateurin und ich liebe es, meine kleine Wohnung immer wieder neu umzuräumen, sie schön zu gestalten. Solange ich mit dieser Arbeit beschäftigt bin, fühle ich mich gut. Aber wenn ich fertig bin mit meiner Arbeit, überkommt mich manchmal das heulende Elend. Ich sitze da und weine; und ich frage mich dann, für wen habe ich das eigentlich gemacht.«

Ähnliches erzählt auch Peter. »Man wartet immer auf irgend etwas. Man wartet auf das Klingeln des Telefons oder daß mal jemand unerwartet zu Besuch kommt. Das ist aber heute nicht mehr üblich. Und während man vor dem Fernseher sitzt und die aufgewärmte Tiefkühlkost ißt, wartet man weiter. Manchmal denke ich, ich sollte lieber nach einem Buch suchen und lesen, einen Brief schreiben, Musik hören oder endlich mal das Chaos in meinen Schubladen beseitigen. Aber während mir solche Gedanken durch den Kopf gehen, ziehe ich es dann doch vor, vor dem Fernseher hocken zu bleiben.«

Für viele Alleinlebende, die sich einsam fühlen, scheint es zunächst einfacher und reizvoller zu sein, das Fernsehprogramm zu verfolgen, als sich in die Außenwelt zu wagen. Zumindest scheint das Fernsehprogramm mehr Abwechslung zu bieten als die bewußte Beschäftigung mit sich selbst, die zudem noch anstrengend sein kann. Das sieht auch Peter so. »Nach einem Abend oder einer Nacht vor dem Fernseher bin ich unzufrieden und wütend auf mich. Ich fühle mich dann innerlich ganz kalt und leer.«

Eine andere Variante, das Gefühl der Einsamkeit zu vermeiden, ist jedem, der zeitweilig allein lebt oder Single ist, wohl ebenfalls sehr vertraut. Man nimmt sich das Adreßbuch vor und versucht, Gott und die Welt anzurufen. Wenn sich auf unser Klingeln am anderen Ende der Leitung niemand meldet, sind wir frustriert. Wenn der andere sich meldet, aber zufällig keine Zeit hat, kurz angebunden ist, sind wir gekränkt und fühlen uns schlecht. Auch zu viele Erwartungen an andere können Gefühle von Einsamkeit in uns aufkommen lassen. Aber haben wir uns nicht oft selbst kurz angebunden am Telefon gezeigt? Fehlt es uns nicht manchmal an Zeit für andere? Haben wir nicht selbst manchmal gedacht: Schon wieder ruft Renate an. Schon wieder ruft Norbert an. Bei aller Geduld und Liebe, ich kann ihr Gelaber, ihre Klagen über den Freund oder die Freundin, über den Chef gerade jetzt nicht ertragen.

Singles klagen häufiger als Verheiratete oder Geschiedene über Einsamkeitsgefühle und ihre Unverbundenheit mit anderen Menschen. Das haben amerikanische Einsamkeitsforscher herausgefunden. Und Männer verleugnen ihre Einsamkeitsgefühle eher als Frauen. Ganz im Gegensatz zu der verbreiteten Meinung, es sei durchaus chic, ein Single zu sein und daß das Alleinleben die große Freiheit bedeutet, empfinden Frauen und Männer ihr Single-Dasein häufig als persönliches soziales Versagen und stellen sich selbst in Frage. Aus dem Gefühl, sozial versagt zu haben, resultieren ihre Gefühle, einsam zu sein. Wenn das Alleinleben mit Einsamkeitsgefühlen verbunden ist, dann wird gleichzeitig die eigene Person in Frage gestellt, wenn nicht gar vollständig entwertet. Das negative Selbstbild des ›Alleinseins‹ erhält so ständig neue Nahrung. Ein Blick am Morgen in den Spiegel, die Gewichtsanzeige auf der Waage reichen dann schon aus, um zu der Feststellung zu gelangen: Ich bin es nicht wert, gemocht und geliebt zu werden.

## Einsamkeit ist eine innere Befindlichkeit

Bei Menschen, die in ihrem Inneren einsam sind, kann man oft beobachten, daß sie kaum das Interesse und die Versuche der Kontaktaufnahme anderer Menschen wirklich registrie-

ren, daß sie jedem Lob und jeder Bestätigung ihrer Person mißtrauisch begegnen. Oft sind sie nicht fähig, ein Kompliment ernst zu nehmen und es auf sich zu beziehen. Es ist, als hätten sie eine unsichtbare Wand zwischen sich und ihrer Umwelt aufgebaut. Interesse, Lob oder Bestätigung, die ihnen von anderen entgegengebracht werden, gleiten an ihnen ab wie das Regenwasser an einer Fensterscheibe. Aus Schüchternheit und Angst vor Enttäuschungen ziehen sie es vor, allein zu bleiben, sich sozial zu isolieren. Die soziale Vereinsamung scheint für sie das geringfügigere Übel zu sein. Menschen, die innerlich einsam sind, fühlen sich gänzlich ungeborgen in dieser Welt, weil sie glauben, daß es kein Mitgefühl für sie gibt. Das ist oft jedoch nur eine Übertragung ihrer Innenwelt auf die Außenwelt. »Der Außenwelt wird etwas zugeschrieben, was in der Person selbst liegt, Teil von ihr ist«, schreibt die Psychologin Joanne Wieland-Burston. »Weil eine empathische Bindung an das eigene Selbst in der Kindheit nicht entwickelt werden konnte, wird die innere Einsamkeit nach außen übertragen.«
Wenn es um innere Einsamkeit geht, sprechen Psychologen von einer ›Kernstörung‹ der Persönlichkeit, von einer ›innerer Befindlichkeit‹, deren Ursache in der Kindheit zu suchen ist. Negative Erfahrungen in der Kindheit sind es, die uns daran hindern, positive Erfahrungen in der Gegenwart in unser Alltagsleben wahrzunehmen und zu integrieren. Doch wenn wir dies einmal erkannt und anerkannt haben, kann diese Einsicht uns dazu verhelfen, unser Verhalten genauer zu betrachten und vielleicht zu verändern (siehe Graphik »Stadien des Alleinseins«, S. 76).

*Fragen an uns selbst*

o Bringen wir das Interesse und Mitgefühl, das wir bei anderen vermissen, wirklich für andere auf?

o Können wir anderen Menschen wirklich zuhören, wenn diese über sich sprechen: über glückliche oder traurige Mo-

# Stadien des Alleinseins

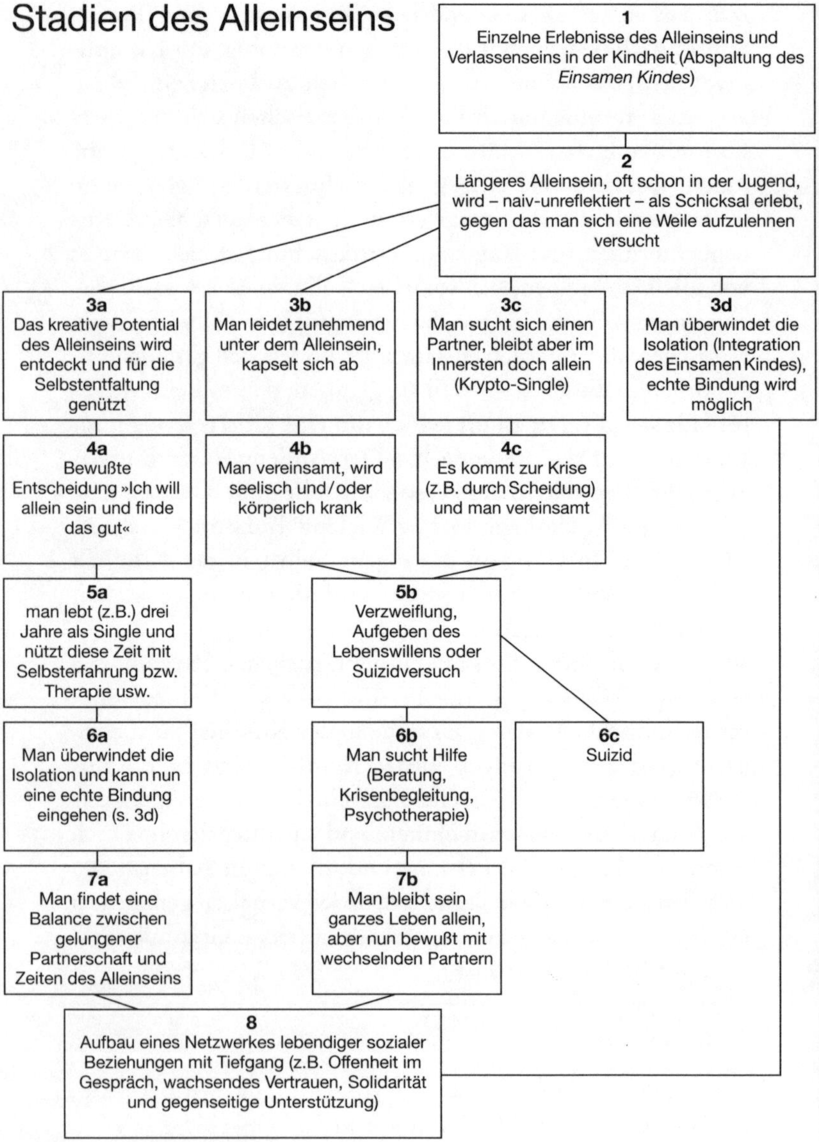


Aus: Allein sein als Chance
Autoren: Jürgen von Scheidt, Ruth Zenhäusern

mente in ihrem Alltag, über Situationen, die sie als besonders konfliktreich erlebt haben, über ihre Erfolgserlebnisse oder Niederlagen, über ihre Gefühle von Verlassenheit?

o Bewerten wir unsere eigenen Mißerfolge oder Niederlagen im Leben nicht sehr viel tragischer als die anderer Menschen?

o Glauben wir, keiner könnte unser Leiden an der Gegenwart nachvollziehen?

o Kreisen unsere Gedanken nicht ständig um das eigene Ego, um unsere Unsicherheit, die Angst zu versagen oder nicht gut genug zu sein?

**Rückbesinnung auf die Kindheit – was ist damit gemeint?**

Wenn hier auf den vorangegangenen Seiten von einer Rückbesinnung auf die Kindheit und Vergangenheit die Rede gewesen ist, dann ist damit nicht gemeint, daß wir in die immer noch weit verbreitete Elternschelte verfallen sollten. So kränkend und versagend das Verhalten der Eltern für die Entwicklung des Selbstwertgefühls des Kindes vielleicht gewesen sein mag, als Erwachsene kommen wir nicht umhin, auch über schwierige Situationen im Leben unserer Eltern nachzudenken. Es gibt keine einsamen Kinder ohne einsame Eltern (vgl. Kapitel II).

In dem Roman von Susanna Tamaro »Geh wohin dein Herz dich trägt«, der das Brief-Vermächtnis einer alten Frau an die Enkeltochter, die bei ihr aufgewachsen ist, enthält, heißt es: »Seit ich ziellos durch die Einsamkeit des Hauses wandere, sind die Jahre, in denen unser Zusammenleben von Unverständnis und schlechter Laune geprägt war, wie ausgelöscht. Die Erinnerungen, die mich in den letzten Monaten umgeben, sind die Erinnerungen an dich als Kind, als verletzliches ausgesetztes kleines Tierchen. An dieses Kind schreibe ich, nicht an die gepanzerte überhebliche Person der letzten Zeit.«

Die ewigen Vorwürfe gegenüber den Eltern helfen nicht, wenn wir unser Leben meistern wollen. Im Gegenteil, allzu leicht geraten wir da in eine ›Schuldfalle‹ und bleiben in unserer eigenen Entwicklung stehen. Persönliches Wachstum und die Entdeckung eigener Fähigkeiten sind so nicht möglich. Wer seine Eltern beständig anklagt, gerät in Gefahr, sich in eine verantwortungslose Opferrolle zu begeben. In dieser Opferrolle bleiben wir den Eltern in kindlicher Weise treu und ganz eng verbunden, gerade durch unsere Klagen. Jegliches Streben nach Autonomie wird so gleichsam in sich selbst erstickt. Unbewußt wird die Anklage an die Eltern zur Selbstanklage. Unsere Rückbesinnung auf die Kindheit sollte sich darauf konzentrieren, unsere frühen Fähigkeiten mit dem Alleinsein und den damit verbundenen Einsamkeitsgefühlen wiederzuentdecken. Wir haben diese Gefühle überlebt, auch wenn wir darüber in Angst und Panik geraten sind, sie könnten uns vernichten. Wir sollten mitbedenken, daß auch die erwachsenen Personen, die uns in unserer Kindheit begleitet haben, sich selbst – als sie noch Kind waren – manchmal einsam und verlassen gefühlt haben; und daß sie als Erwachsene ebenfalls vor Einsamkeitsgefühlen nicht gefeit sind.

## Zweifel an traditionellen Werten und Bindungen

Noch vor etwa 50 Jahren wurden junge Menschen vor allem der unteren Schichten sehr früh in die Pflicht genommen. Daß sie ihren Beruf frei wählen konnten, war eher die Ausnahme als die Regel. Die Söhne der Akademiker oder Unternehmer sollten in die Fußstapfen ihrer Väter treten. Die Töchter sollten heiraten. Die frühzeitige Übernahme von Pflichten entsprach aber nicht unbedingt der geistigen Reife dieser jungen Menschen. Zum Nachdenken über sich selbst blieb ihnen wenig Zeit. Danach wurde auch nicht gefragt. Geistig reif war, wer seinen Pflichten nachkam. Eine Experimentierphase, wie sie vielen jungen Menschen heute im Leben von den Eltern zugestanden wird, war allenfalls den Söhnen und einigen wenigen Töchtern aus finanziell sehr gut situierten Elternhäusern während ihres Studiums vergönnt. So blieb man eingebunden in die mehr oder minder große soziale Geborgenheit der Herkunftsfamilie und des gesellschaftlichen Umfeldes, in dem man aufgewachsen war. Die Übernahme von Pflichten verlieh das Gefühl, gebraucht und nützlich zu sein. Andererseits war man größeren sozialen Kontrollen unterworfen. Das ist heute anders geworden. Anstelle patriarchalisch geprägter Familienbeziehungen finden wir heute eher eine widersprüchliche Erfahrungswelt in den Familien vor, in der sich die Autoritätsstrukturen und die äußeren Bindungen, nicht aber die emotionalen, inneren Bindungen gelockert haben. Viele Eltern und Kinder sind gleichsam ›in Liebe entzweit‹ (Helm Stierlin) und doch aneinander gebunden. Die Normen und Überbleibsel herkömmlicher Traditionen, die jungen Frauen und jungen Männern ihre geschlechtsspezifische Bedeutung in der Familie und Gesellschaft zugewiesen haben, sind fast verschwunden. Die früheren Geschlechterrollen haben sich tendenziell aufgelöst. Zweifel an traditionellen Bindungen, Herrschaftsideologien und Glaubenssystemen machen sich bei den jüngeren Generationen breit. Die restriktive Gesellschaft ist einer Konsum- und Erlebnisgesellschaft gewichen. Und auch die Arbeitswelt hat sich drastisch verändert. In der neuen Arbeitswelt müssen Menschen flexibel und mobil sein. Frauen wollen ihre Identität im Beruf und als Mutter finden. Das heißt, sie wünschen sich einen Partner, der sie unterstützt, beides zu verwirklichen: Beruf und Mutterschaft. Manche Männer mögen sich dadurch überfordert fühlen. »Mal kraß gesagt«, erzählt Werner, »ich hab mich schon mal gefragt, wie finde ich einen Job, mit dem ich mir eine Frau kaufen kann. Ich habe immer das Gefühl, die Frauen klopfen den Mann zielgerichtet darauf ab, ob er auch genug verdient, welche Aufstiegschancen er im Beruf hat. Wenn ich einer Frau offen gesagt habe, ich schaffe es als freiberuflicher Graphiker im Augenblick mal gerade so, mich selbst finanziell über Wasser zu halten, dann ist sie auch sehr schnell wieder abgesprungen.«

In diesem Spannungsfeld – zwischen Beruf und Familiengründung – bewegt sich die Neuinszenierung der jeweiligen Geschlechterrollen. Mann und Frau stehen heute vor der Aufgabe, gemeinsam neue Wert- und Rollenvorstellungen in diesem Bereich entwickeln zu müssen. Die längere Experimentierphase im Leben, die jungen Menschen heute zugebilligt wird, entbindet sie nicht von der Aufgabe, selbstverantwortlich ihre Entscheidungen für die Zukunft zu treffen. Aber solche selbstverantwortlichen Entscheidungen können eben auch von Unsicherheit und vielen Selbstzweifeln begleitet sein.

*Vanessa – Was wird mir die Zukunft bringen?*

1. Juni
»Fühle mich mal wieder von Gott und der Welt verlassen. Von meiner Mutter auch. Sie versteht mich und meine Zweifel nicht. Ich denke, ich kann die Herzen der Menschen besser sehen als sie. Meine Mutter sieht nur, was sie sehen will. Sie hält sich selbst für tolerant. Ich weine jede Nacht, weil meine Mutter meine Gefühle haßt. Sie will mir noch immer sagen, wo es lang geht. Aber ich weiß, ich muß meinen Weg jetzt allein finden.

30. Juni
»Ich habe mir gerade die Tarot-Karten gelegt und es kam raus, daß ich alles, wofür ich in letzter Zeit gekämpft habe und dann auch bekommen habe, nicht mehr haben will. Oder besser gesagt, Sachen, die ich haben möchte und bekomme, will ich nicht mehr. Das beschreibt so ziemlich genau meine jetzige Situation.

Bin jetzt mit E. zusammen. Wenn ich ehrlich bin, bedeutet mir das gar nichts. Es ist nur ganz angenehm, nicht ganz allein zu sein, aber es ist so gar nicht aufregend und spannend. Ich langweile mich, wenn ich ihn küsse. Und seine Berührungen berühren mich überhaupt nicht. Der M., der mich verlassen hat, bemüht sich jetzt auch wieder um mich. Aber ich will das nicht. Er kommt mir jetzt so unreif, unsicher und konfus vor. Viel zu anstrengend und problematisch.«

Wer bin ich? Welche Rolle und welche Aufgabe kann ich in dieser Gesellschaft übernehmen? An welchen Werten, Moralvorstellungen und Normen dieser Gesellschaft kann und will ich mich orientieren? Wie finde ich einen Lebenspartner, wie finde ich eine Lebenspartnerin? Was bedeuten Liebe und Sexualität für mich? Wie kann ich einen Lebensentwurf verwirklichen, der meine beruflichen Ambitionen mit meinem Wunsch nach einem Lebenspartner und meinem Wunsch nach Mutterschaft oder Vaterschaft vereinbart? Kann ich die Verantwortung für meine Entscheidungen übernehmen? Welche Zukunft habe ich im Leben? Das sind nur einige Sinnfragen des Lebens, denen sich Frauen und Männer bei ihrem Lebensentwurf und bei ihrer Suche nach Identität und der Entwicklung des Selbst immer wieder neu stellen müssen.

»Dieses Selbst ist das eitle, ängstliche und egozentrische Vergrößerungsglas, das man gar nicht zur Hand nehmen sollte. Zuweilen fällt ein flüchtiger Blick darauf, mitten bei der Arbeit, das ist dann wirklich schlimm.« In Patricia Highsmiths Roman »Ripley Under Ground« ist es der 30jährige Maler Derwatt, der diese Sätze in seinem Tagebuch notiert. Und weiter heißt es in diesem fiktiven Tagebuch: »Eine Depression besteht, außer in einem Gefühl des Elends, in müßigen Fragen wie: Wozu das alles? Und in dem Ausruf: Wie sehr habe ich versagt! Und vor allem in der noch schlimmeren Erkenntnis, zu der ich längst hätte kommen sollen, daß nicht einmal auf die Menschen, die mich angeblich lieben, Verlaß ist zu einer Zeit, da ich sie wirklich brauche. Man braucht sie nicht, wenn die Arbeit gut vorangeht. Und im Augenblick der Schwäche darf ich mich nicht sehen lassen. Es könnte sein, daß es mir später vorgeworfen wird.« Die berühmte Autorin thematisiert hier die Gefühle vieler Menschen – und nicht nur die der jungen Generation.

Einsamkeit ist kein Phänomen unserer Zeit. Doch anders als in früheren Zeiten scheinen die Sinnfragen des Lebens komplexer geworden zu sein. Die Vereinzelung des Menschen in der heutigen Gesellschaft schreitet weiter fort. Der Mensch fühlt sich nicht nur machtlos angesichts der großen katastrophalen Ereignisse in der Welt, in die er sich via Fernsehen zu jeder Zeit einschalten kann; er fühlt sich oft auch machtlos in seiner eigenen kleinen Welt. Das Problem vieler einsamer Menschen scheint darin zu bestehen, daß sie ihren inneren Kräften nicht mehr vertrauen, sie nicht mehr wahrnehmen können. Sie glauben, keine Resonanz bei anderen Menschen finden zu können, und gehen auf Sicherheitsabstand. Mit der inneren Unsicherheit und den Selbstzweifeln nehmen auch die Gefühle der Einsamkeit zu. Ein Teufelskreis. »In seiner Einsamkeit ist jeder der Hauptdarsteller«, heißt es bei dem Schriftsteller Wolf Wondratschek. Aber: »So qualvoll die Einsamkeit auch sein kann«, so tröstet uns die Psychologin Joanne Wieland-Burston, »sie macht uns menschlich«.

Im Grunde ahnen wir, wie wir die belastenden Situationen des Alleinseins und die Gefühle der Einsamkeit verändern können, wie wir unser Schneckenhaus verlassen können. Und doch gelingt es uns nicht so leicht, diese Ahnung gut und konstruktiv in die Tat umzusetzen. Manche Menschen wählen sogar den Ausweg in die Destruktion, um endlich Aufmerksamkeit zu erlangen. »Gibt es etwas Göttlicheres als die Kommunikation?« läßt Patricia Highsmith ihren Maler Derwatt sagen. »Ein Selbstmörder kennt ihre magischen Kräfte.« Selbstmörderisch das Leben zu beenden ist für viele Menschen der letzte, verzweifelte Versuch, Kommunikation herzustellen, andere auf sich aufmerksam zu machen. Daher rührt auch die große Zahl mißlungener Selbsttötungen. Doch wem der Selbstmord gelingt, der kann die Aufmerksamkeit, nach der er sich sehnt, die ihm nun endlich zukommt, nicht mehr wahrnehmen.

Ohne Frage ist es schwierig, alte Gewohnheiten, Rückzugsstrategien und ängstliche Verhaltensmuster, die uns von anderen trennen und eine offene Kommunikation verhindern, wieder aufzugeben. Gruppen-Gesprächstherapien können hier sehr hilfreich sein, festgefahrene Verhaltensmuster im Umgang mit anderen Menschen zu verändern. Kränkende Erfahrungen, Einsamkeitsgefühle, zu hohe eigene und fremdbestimmte Ansprüche, die wir internalisiert haben, zu große Erwartungen an andere Menschen können im geschützten Raum einer solchen Gruppe zur Sprache gebracht werden. Sie können relativiert und so auch überwunden werden. In solchen Gruppen stellen wir plötzlich fest: Anderen geht es ganz ähnlich. Wir sind also nicht allein mit unseren schmerzlichen Erfahrungen des Getrenntseins und dem Gefühl der Einsamkeit. Es kommt dann auf den zweiten Schritt an, diese positiven Erkenntnisse in den Alltag zu integrieren.

# IV. Über die Liebe und die Einsamkeit zu zweit

Liebe, die wichtigste ›Nebensache‹ der Welt, ist kein Dauerbrenner zwischen Mann und Frau. Was wäre, wenn Romeo und Julia ein Paar geworden wären? Eine langweilige Geschichte oder vielleicht eine spannende Geschichte über den täglichen Kleinkrieg der Verrechnungen in einer Paarbeziehung? In die heutige Sprache übersetzt könnte der Dialog zwischen den beiden dann etwa so lauten:

Romeo: Der Mülleimer ist voll.
Julia: Aber Liebling, laut Plan bist du heute dran.
Romeo: Scheißplan!
Abgang Julia mit dem Mülleimer in der Hand.
Romeo: Komm zu dir, Schätzchen. Was geht bei dir ab?
Folgt lautes Türenknallen seitens Julia. Der Abend ist für beide gelaufen; und zwar denkbar schlecht. Verständigung scheint nicht mehr möglich.

Liebe, ein Thema mit Variationen. »Liebe ist Heimweh«, sagt ein altes Sprichwort.
»Liebe ist Sehnsucht, endlich erkannt zu werden und sich hingeben zu können, endlich jemandem vertrauen zu können«, sagt Karin. »Liebe ist vor allem Respekt vor dem anderen Menschen und ein partnerschaftliches Umgehen miteinander«, sagt Gabriele.
Folgen wir Sigmund Freud, dann ist Liebe eine bestimmte Menge psychischer Energie, Libido genannt, eine Spannung, die durch Verdrängungen und Hemmungen in ganz verschiedene Kanäle zwischenmenschlicher Beziehungen geleitet wird, zurückgehalten oder sublimiert wird. Für Biologen und Gehirnforscher ist Liebe zunächst ein instinktives, archaisches, biochemisch angelegtes Reiz-Reaktions-Schema. Durch bestimmte Gerüche, die Form der Hände, der Nase,

durch den Gang eines Menschen und Ähnliches mehr werden die Hormone ausgeschüttet, die nicht nur Lust auf Sex erwecken, sondern den Menschen zur Liebe animieren. Unseren Liebesgefühlen geht eine lange Geschichte voraus. Wir verfügen über eine Art Liebescode, sagen die Wissenschaftler, der durch unser genetisches Erbe und unsere Lebenserfahrung geprägt ist. In diesem Liebescode sind alle Sinneseindrücke verzeichnet. In der neueren Gehirnforschung wird die Erinnerung an die ganz frühe Kindheit hervorgehoben: Was wir als Säugling und Kind mit unseren Eltern erlebt haben, bleibt als Gedächtnisspur in uns zurück und bestimmt zunächst unsere Erwartungen, wie wir geliebt werden wollen, unsere Angst vor Enttäuschungen und unsere Einsatzbereitschaft in Sachen Liebe.

Wenn das Wort »Liebe« ins Spiel zwischen Mann und Frau gebracht wird, dann glauben beide im Stadium des Verliebtseins, das gleiche zu meinen und darüber Bescheid zu wissen, wovon sie sprechen. Es ist ein verständlicher menschlicher Irrtum, daß wir in solchen Augenblicken glauben, unsere Liebesgefühle seien unwandelbar und ewiglich. Ohne diesen Glauben könnten wir uns wohl kaum einem anderen Menschen hingeben, dies mit all unseren Hoffnungen. Wenn wir verliebt sind, stecken wir mit all unseren Hoffnungen tief drinnen in einem paradiesischen Abgrund. Daß Männer und Frauen unterschiedlich sind, daß sie jeweils auf ihrem eigenen ›Kultur-Stern‹ leben, jeder in seiner emotionalen Sprache spricht und denkt, wird in diesem Stadium ausgeblendet. Kleine Nachlässigkeiten, Mißverständnisse zu übergehen, nachsichtig zu sein, fällt Frauen und Männern in der ersten Euphorie der Liebe noch leicht. Er oder sie haben es doch nicht so gemeint. In der Eifersucht des anderen sehen wir ein Kompliment, den Beweis der Liebe. Wir fühlen uns dadurch sogar geschmeichelt. Solange wir verliebt sind, kommt es uns nicht in den Sinn, daß Eifersucht zu einem Störfaktor in der Partnerschaft werden könnte. Eher wird Eifersucht als prickelnd und erotisierend erlebt. Wenn Eifersuchtsgefühle in einer Paarbeziehung, die auf Dauer angelegt ist, bleiben, dann wird die Frau oder der Mann sich durch die Eifersuchtsgefühle des anderen in seinem Lebensradius eingeschränkt fühlen, zumal die Gefühle der Eifersucht sich nicht allein darauf richten, daß einer der Partner sich auf ein neues Liebesabenteuer eingelassen hat. Gefühle von Eifersucht zwischen Mann und Frau können sich auch gegen die Herkunftsfamilie der Partner richten. Und sie können entstehen, wenn einer der beiden Partner in seinem Beruf erfolgreicher ist als der andere.

*Jochen – Ich war eifersüchtig auf ihren Erfolg*

»Ich war lange Zeit bis über beide Ohren verliebt in eine Frau, mit der ich wirklich gerne zusammenleben wollte. Irgendwann lief gar nichts mehr. Sie war verbeamtete Lehrerin, saß fest im Sattel. Ich war bereits vierzig und quälte mich mit meiner Arbeit als schlecht bezahlter Dolmetscher herum. Ich hab so getan, als machte mir dieser Unterschied gar nichts aus. Aber ich war neidisch auf ihren Erfolg und ihr Geld, das sie so viel leichter verdiente als ich. Meine Eifersucht hat uns schließlich getrennt. Das heißt, ich habe mich von ihr zurückgezogen, weil ich glaubte, ich könnte ihr nichts bieten. In finanzieller Hinsicht war es ja auch so. Von meinem Wunsch, mit ihr zusammenzuleben, habe ich erst gar nicht gesprochen. Ich hätte ihr ja nicht einmal garantieren können, jeden Monat die Hälfte der Miete ihrer Wohnung zu bezahlen. Also habe ich mich von ihr getrennt. Lieber gehe ich selbst, als daß ich verlassen werde.«
Trennungen und Einsamkeitsgefühle spielen in der Liebe eine bedeutende Rolle. Verliebt zu sein beinhaltet die große Hoffnung, nun endgültig und für immer eine Entsprechung im anderen gefunden zu haben, endlich erkannt und nicht mehr allein, sondern zu zweit zu sein. Aber eines Tages tritt zwangsläufig die Entzauberung ein. Wir wissen es, haben es vielleicht schon des öfteren erfahren. Auch mit einem Partner und in seiner Gegenwart können wir uns sehr einsam fühlen.

Erich Kästner schrieb einmal in einem Gedicht: »Am schlimmsten ist die Einsamkeit zu zweit.« Und in einem anderen Gedicht »Sachliche Romanze« heißt es bei ihm:

»Sie gingen ins kleinste Café am Ort
und rührten in ihren Tassen.
Am Abend saßen sie immer noch dort.
Sie saßen allein, und sie sprachen kein Wort
und konnten es einfach nicht fassen.«

Treffender können die Erfahrungen Liebender oder nicht mehr Liebender kaum beschrieben werden. Erich Kästner spricht hier über die innere Trennung und Entfremdung zweier Menschen, die sich einmal sehr nahe waren oder glaubten, einander sehr nahe gewesen zu sein. Diese schöne, intensive Nähe zwischen zwei Menschen ist kein Dauerzustand, vielmehr muß sie immer wieder neu hergestellt werden. Aber getragen von Amors Flügeln, denken wir nicht daran. Wir denken nicht daran, daß die kleinen oder größeren Unzulänglichkeiten und Schwächen des anderen uns irgendwann einmal schrecklich auf die Nerven gehen könnten.
Solange wir verliebt sind, mögen wir vielleicht die Schweigsamkeit des anderen Menschen besonders interessant finden. Welche tiefen Gedanken verbergen sich hinter dieser faltigen Stirn, fragen wir uns und lassen unserer Phantasie freien Lauf. Sogar das nächtliche Schnarchen des anderen stört uns überhaupt nicht. Im Gegenteil, wir fühlen uns glücklich, wie entspannt der andere neben uns schlafen kann; wir fühlen uns glücklich, seinen Schlaf bewachen zu dürfen. Und die umständliche, ungeschickte oder brachiale Art, wie der andere am frühen Morgen sein Frühstücksei köpft, amüsiert uns. Vielleicht stört uns nicht einmal sein Schmatzen und Schlingen beim Essen, obwohl wir das eigentlich gerade nicht leiden können, weil wir es uns selbst so mühsam abtrainiert haben. Daß die Frau am Morgen keinen elektrischen Lockenwicklerstab benutzt, ihre Lockenwickler im Kochtopf wie Gemüse in heißem Wasser sieden läßt, bevor sie ihre Haare

damit aufwickelt, wird als kleine alternative Marotte abgetan, zumal das Ergebnis dieses Umstands einfach umwerfend schön ist.

Die Reihe der Beispiele solcher banalen Intimitäten ließe sich beliebig fortsetzen. Jeder freut sich im Stadium des Verliebtseins, daß man sich endlich so geben kann, wie man ist, sich nicht mehr verstellen muß. Das Verliebtsein macht es möglich. Aber wehe, wenn das Stadium des Verliebtseins vorbei ist, der Alltag einer intimen Beziehung beginnt. Dann steht jeder auf dem Prüfstand. Dann fallen die Worte, die von dem anderen als Zurückweisung wahrgenommen werden: »Also, was ich dir schon immer mal sagen wollte, könntest du nicht etwas weniger Knoblauch essen, ich kann diesen Geruch nicht ertragen.« Oder: »Liebster, du solltest etwas mehr auf deine Linie achten.« Der Bauchansatz, früher als Liebesring zum Festhalten und Anfassen bezeichnet, wird als das benannt was er ist, als Fettring.

Das Schmatzen beim Essen, das Schnarchen oder die Lockenwickler im Kochtopf werden zum Anlaß für Streitigkeiten genommen. Sie sind aber eben meistens nur ein vorgeschobener Grund der Beziehungsschwierigkeiten. Die wirklichen Verletzungen, die Gefühle des Unverstandenseins, der Zurücksetzung, des Verlassenseins, vor die uns auch die Zweisamkeit nicht schützt, werden bei solchen Streitigkeiten nicht angerührt. Wir haben sie in einer schwachen Stunde des Verliebtseins vielleicht einmal preisgegeben. Der andere hat sie nicht gehört oder gehört und wieder vergessen, weil er die tiefe Bedeutung für uns nicht ermessen kann.

Wenn wir einen anderen Menschen lieben und wenn wir uns durch ihn tief verletzt und unerkannt fühlen, dann sollten wir uns fragen, ob der andere nicht ungewollt schmerzliche Narben, die noch aus unserer Kindheit stammen, berührt hat. Auch wenn es wehtut, ist es wichtig, daß wir uns vor Augen führen: Wir sind nicht mehr nur das kleine ungeschützte Kind, das wir einmal waren. Wir können uns jetzt selbst schützen; und wir können auch das kleine verletzliche Kind in uns schützen. Gerade in einer Liebesbeziehung, die unsere Sehnsucht nach Verschmelzung mit einem anderen beschützenden Menschen wieder in uns weckt, die uns selbst auch dazu bewegt, den geliebten Menschen schützen zu wollen, müssen wir neu lernen, die Grenzen zwischen dem *Ich* und dem *Du* zu setzen.

Nicht nur Frauen, auch Männer erwarten unbewußt, daß man ihnen die Wünsche von den Augen abliest, daß der andere genau zum richtigen Zeitpunkt weiß, was er zu tun hat: ob wir gerade in diesem Moment von ihm in den Arm genommen werden wollen oder ob er uns gerade in diesem Moment lieber nicht ansprechen und berühren sollte. Oft senden wir in den Situationen, in denen es uns schlecht geht, Doppelbotschaften aus. Wir erwarten Zuwendung und Aufmerksamkeit und signalisieren gleichzeitig: Du kannst mir nicht helfen. Laß mich in Ruhe! Der andere aber steht solchen doppeldeutigen Signalen hilflos gegenüber.

Das ist es, was mit Intimität in Freundschafts- und Paarbeziehungen gemeint ist: den anderen in seiner Eigenart, die immer auch verletzbar ist, zu akzeptieren, selbst dann, wenn wir ihn nicht verstehen können, uns die Gefühle des anderen unangemessen erscheinen. In diesem Balance-Akt zwischen Distanz und Nähe kann es immer wieder zu Mißverständnissen kommen. Ungewollt kränken wir die andere Person und können es nicht begreifen, was da geschehen ist; wir können nicht verstehen, weshalb der geliebte Mensch plötzlich auf Abstand zu uns geht, von Nähe nichts mehr wissen will. Nun fühlen wir uns dadurch gekränkt. Unser Verstand sagt uns: Es gab ein Mißverständnis, darüber sollten wir reden, um das Mißverständnis aus der Welt zu schaffen. Die Realität sieht meistens ganz anders aus. Das Mißverständnis wird mit vielen Worten zerredet. ›Nebenkriegsschauplätze‹ wie die Lokkenwickler im Kochtopf, oder der Vorwurf »Nie hast du Zeit für mich« werden herangezogen, um sich zu beschweren. Das Gespräch bleibt an der Oberfläche haften, weil keiner über die wirkliche Verletzung sprechen will: Du hast mich nicht

erkannt in meinem Wesen. Du kannst mich nicht akzeptieren, wie ich bin.
Sich in einer Partnerschaft, in der Liebe nicht geborgen und verstanden zu fühlen, dieses innere Gefühl der Einsamkeit kann schlimmer sein als das Alleinleben ohne eine Partnerin oder einen Partner.

### *Virginia – Er wußte nicht, daß er der erste war*

»Ich habe mir das ganz lange gewünscht, endlich mit meinem Freund zu schlafen. Beim ersten Mal hat es nicht so richtig geklappt, das mit dem Kondom hat nicht so hingehauen. Es war nicht schlimm. Es hat auch nicht wehgetan. Nur, es war halt total unromantisch, und ich fühlte mich danach sehr allein. Ich habe mehr Nähe erwartet. Und dann kam auch noch die Frage von meinem Freund, wie es bei mir beim ersten Mal gewesen sei. Er wußte gar nicht, daß er der erste Mann war. Das war so ein enttäuschendes Gefühl. Ich fand das so total unsensibel, weil er es nicht gemerkt hat. Er wußte es gar nicht zu schätzen, welches Geschenk ich ihm gemacht hatte. Und ich fühlte mich danach total häßlich und entwertet. Erzählt habe ich ihm nichts. Dazu war ich zu stolz.«

### *Iris – Der Orgasmus war angenehm, mehr war es nicht*

»Also, im ersten halben Jahr ging es mir jedes Mal, wenn ich mit meinem Freund geschlafen hatte, nur schlecht. Obwohl ich es niemals gegen meinen Willen tat, war ich danach traurig und immer kurz vor dem Weinen. Rein körperlich war es angenehm. Ich hatte auch oft einen Orgasmus. Es kam mir aber alles nur so rein technisch vor. Mit Nähe hatte das in meinen Augen nichts zu tun. Und was mir vor allem fehlte, das Anschmiegen hinterher. Danach hatte ich eine große Sehnsucht. Bloß blieb diese Sehnsucht unerfüllt. ... Wie soll ich das sagen? Für mich gibt es kein schönes Wort für die Sexualität zwischen Mann und Frau außer dem Wort Liebe. Ich weiß noch genau, wie es beim ersten Mal war, in meinem Zimmer. H. suchte danach ganz schnell seine Klamotten zusammen, als wäre er auf der Flucht. Er hat sich nur mit einem schnellen Kuß von mir verabschiedet. Als er weg war, stand ich am Fenster meines Zimmers und hab auf die Straße geschaut, auf die Leute, die da vorübergingen. Ich weiß noch genau, die Sonne schien. Alles war wie immer. Nur ich war anders. An diesem Tag fühlte ich mich ganz getrennt von allen Menschen, nicht mehr zugehörig, so als wäre etwas Schlimmes mit mir passiert; oder als wäre ich ein anderer Mensch geworden und wäre weit weg von allen Menschen, in der Verbannung.«

In der Liebe und im ersten Stadium des Verliebtseins, in der intimen sexuellen Beziehung geben wir uns gewissermaßen preis, wir öffnen uns, sind empfänglich, aber auch leicht verletzlich. Unsere ganz frühen Bedürfnisse nach Schutz, Verschmelzung und Einssein, sich im anderen aufgehoben und geborgen zu fühlen, tauchen wieder auf. Aber ebenso stark kann auch unser Bedürfnis nach Abgrenzung und zeitweiliger Distanz sein. Die Wünsche nach Nähe, Aufmerksamkeit, Zärtlichkeit, Zuwendung oder zeitweiliger Distanz, die eine Frau oder ein Mann in einer Paarbeziehung gerade nach dem Sexualverkehr empfinden und verbal oder nonverbal zum Ausdruck bringen, verlaufen nicht immer zeitgleich. Darin liegt eine der vielen Schwierigkeiten intimer Bindungen. Sobald wir unsere Wünsche nach Zuwendung, Nähe und aufmerksamer Zärtlichkeit zu sehr auf das Objekt unserer Liebe konzentrieren, können wir uns darauf verlassen, daß die große Liebe früher oder später in einer großen Enttäuschung endet. Unser Partner oder unsere Partnerin sind mit diesen Wünschen hoffnungslos überfordert. In einem Vortrag »Über die Fähigkeit, allein zu sein« heißt es bei dem Analytiker D.W. Winnicott: »Man könnte wohl mit Recht sagen, daß nach einem befriedigenden Sexualverkehr jeder Partner wieder allein ist und zufrieden ist, allein zu sein. Die Fähigkeit, es zu genießen, gleichzeitig mit einer anderen

Person, die auch allein ist, allein zu sein, ist in sich ein beglückendes Erlebnis, denn es heißt, die Einsamkeit zu teilen.«

**Die Fallen der Liebe**

Verliebt zu sein ist das eine. Jemanden zu lieben ist das andere. Sind wir nicht mehr verliebt, dann sind wir draußen aus dem Paradies, wenn auch nicht in Sicherheit. Dann merken wir: Liebe ist Geben und Nehmen. Dann stellt sich die Frage: Aber was gibst du mir? Die Entzauberung des Verliebtseins beginnt.

Es ist nicht selten ein undurchschaubares Konglomerat aus alten Werten, neuen Glaubenssystemen und romantischen Vorstellungen, die unseren Lebensentwurf über Liebe, Partnerschaft und Ehe bis heute mitbestimmen. Zumindest in dieser Hinsicht unterscheiden sich Frauen und Männer nicht so sehr voneinander. Den Pfaden der älteren Generation aber wollen und können junge Menschen nicht mehr folgen. Die Leitbilder der klaren Rollenverteilung – frei nach Schiller: Der Mann muß hinaus ins feindliche Leben und drinnen im Haus waltet die Frau freundlich und still –, die Männern und Frauen, so unterschiedlich ihre Temperamente auch sein mochten, so etwas wie ein Stützkorsett boten, das ihnen half, den aufrechten Gang im ehelichen Alltag zwischen Liebe, Trieb und Trott zu bewahren, funktionieren nicht mehr so richtig. Doch wirken die alten Leitbilder noch in uns nach, auch wenn heute scheinbar etwas ganz anderes gefragt ist: die partnerschaftliche Paarbeziehung und die Gefühlsgemeinschaft, in der Liebe, Sexualität, Verständnis, Zärtlichkeit, Geborgenheit, gegenseitige warmherzige Unterstützung, die jedem der beiden Partner seinen Freiraum läßt, den Ton angeben. Wo es jedoch weitgehend an Orientierungsmöglichkeiten fehlt, ist das ganz andere schwer zu leben. Die heutigen Scheidungsziffern bestätigen dies. Fast jede dritte Ehe wird hierzulande geschieden.

Vertrauen, Liebe, Loyalität, Geborgenheit. Männer und Frauen benutzen die gleichen Vokabeln. Dennoch haben beide ganz unterschiedliche Vorstellungen und Bilder in sich gespeichert, die sie mit diesen Worten verbinden. Schon allein bei dem Wort Partnerschaft können die Vorstellungen weit auseinander driften.

Er versteht darunter, daß er den kleinen Sohn mal eben übernimmt, wenn er von der Arbeit kommt und nichts Wichtiges mehr vorhat.

Sie versteht darunter, daß darüber genaue zeitliche Absprachen getroffen werden, damit sie mehr Freiraum für ihre Interessen hat.

Er versteht darunter, daß er ihr am Samstag einen Kaffee ans Bett bringt und die Brötchen einkauft.

Sie versteht darunter, daß er seinen Beruf nicht immer zum Mittelpunkt seines Lebens macht oder zumindest seine Freizeitaktivitäten etwas einschränkt.

Daß Frau und Mann, die heute eine Paargemeinschaft gründen, gleichgültig, ob sie ihre Verbindung nun standesamtlich und kirchlich besiegeln lassen, dies keineswegs zweckfrei tun, wie sie glauben, wird in therapeutischen Kreisen längst sensibel registriert. Auf der Ebene der Erwartungen und Gefühle schließen Paare einen heimlichen Vertrag miteinander. Der Heidelberger Familientherapeut Helm Stierlin spricht in diesem Zusammenhang von einem »impliziten Ehevertrag«. Bei diesem Vertrag hat jeder bewußt oder unbewußt für sich festgelegt, was er von dem anderen erwartet, was jeder unter bestimmten Voraussetzungen zu tun bereit ist. Allerdings wird dieser Vertrag aus Schamgefühlen und Angst vor Verletzungen nicht verbalisiert. Oder man glaubt, der andere müßte es doch wissen.

Die so viel besungene Liebe zwischen Frau und Mann ist keine Himmelsmacht, sondern ein sehr irdischer und realer Machtkampf. Die Erfahrung lehrt, so erklärt die Sozialwissenschaftlerin Elisabeth Beck-Gernsheim: »Da wo die Ehe, die Paarbeziehung sich gewandelt hat, aus der früheren Arbeitsgemeinschaft eine Gefühlsgemeinschaft geworden ist, da werden auch die Gefühle zur Arbeit.« Und in dem Maße treten auch ›Verrechnungsnotstände‹ in den Beziehungen auf. Beide Partner beginnen eine offene oder geheime Buchführung über das Geben und Nehmen aufzustellen. Aber wie können die Konten ausgeglichen werden, wenn Frau und Mann in verschiedenen individuellen Währungen rechnen, mit Münzen, die in ihren Herkunftsfamilien geprägt wurden? »Solche Individualisierungen der Werte«, so Helm Stierlin, »spiegelt häufig wider, was jeweils in den Ursprungsfamilien vermittelt, vorgelebt und delegiert wurde.« So können für den einen der Partner gegenseitige Hilfsbereitschaft, Aufmerksamkeit, Fürsorglichkeit, Einfühlungsvermögen, Verzicht leisten zu können einen hohen Verrechnungswert haben, da diese Werte in der Herkunftsfamilie besonders zählten. Für den anderen Partner zählt dagegen vielleicht die ›Leistungswährung‹ – beruflicher Aufstieg und Geld –, wenn diese Werte in seiner Herkunftsfamilie emotional hoch besetzt waren. Um im Bild Helm Stierlins zu bleiben: Schon allein diese Währungsdisparitäten lassen sich in einer intimen Paarbeziehung schwer konvertieren, und sie können die Partner voneinander entfremden.

Für Helm Stierlin sind Paarbeziehungen der Mikrobereich, in dem sich die Bewegungen des Makrobereiches Gesellschaft widerspiegeln. Dabei umreißt er die Entwicklung in heutigen Paarbeziehungen mit den Begriffen Individualisierung und Demokratisierung. Individualisierung meint für ihn: Form, Qualität und Dauer einer Beziehung werden mehr und mehr durch die individuellen Bedürfnisse und Erwartungen der Partner und weniger durch vorgegebene Traditionen bestimmt. Damit wächst auch der Zwang zu Entscheidungen, denen der Zwang zu einer möglichst genauen Berechnung von Risiko und Gewinn vorausgeht. Es ist der Individualisierungsdruck dieser Gesellschaft, der zu einem Berechnungs- und Verrechnungsdruck, zu einer Kosten-Nutzen-Analyse in Paarbeziehungen führt. Das betrifft auch die Elternschaft. Anders als in früheren Zeiten ist sie nicht mehr Schicksal, sondern das Ergebnis eines Entscheidungsprozesses, dem meistens langwierige Diskussionen vorausgegangen sind. Können wir uns ein Kind zu diesem Zeitpunkt überhaupt leisten? Wer verzichtet auf die Karriere zugunsten der Entscheidung für ein Kind? Könnte ein Kind die festgefahrene, emotional erstarrte Beziehung nicht beleben?

Demokratisierung bedeutet für Helm Stierlin nicht nur, daß Männer ihr patriarchalisches Denken aufgeben und verändern, sondern einen Prozeß, der sich auf die Individuation und Entwicklung beider Partner bezieht. »Man erwartet und gesteht der Partnerin oder dem Partner das Recht zu, sich zu entwickeln, sich in einer ihr oder ihm gemäßen Weise zu verwirklichen und dabei auch eine andere bzw. ein anderer zu werden.« Eine Beziehung kann so sicherlich lebendig bleiben. Doch ihre Dauerhaftigkeit kann fraglich werden. Schließlich ist keineswegs mehr garantiert, daß zwischen dem Paar die frühere Einigkeit bestehen bleibt.

Die Chance, sich in einer Paarbeziehung persönlich und beruflich mit Unterstützung des anderen weiterzuentwickeln, erhöht die Wahrscheinlichkeit, daß zwei Menschen sich auseinander entwickeln. »Es gibt nicht so etwas wie ein Gesetz der Harmonie, wonach beide Partner sich stets im selben Tempo und in dieselbe Richtung verändern« (Elisabeth Beck-Gernsheim).

Untersuchungen belegen es: Die Erwartungen an Partnerschaft und Ehe sind bei beiden Geschlechtern gestiegen, bei Frauen vielleicht mehr als bei Männern. Wenn *sie* Brecht und Gespräche liebt, *er* aber am Feierabend seine Ruhe braucht und am Wochenende das Abenteuer auf dem Motorrad genießen will, wenn beide über ihre unterschiedlichen Wünsche nicht sprechen können, keine Kompromisse schließen können, dann beginnt der schleichende Prozeß der so viel zitierten Einsamkeit zu zweit.

»Daß man einigermaßen gut miteinander auskommt, ist heute nicht mehr gut genug«, erklärt Elisabeth Beck-Gernsheim. »Man will mehr Glück, und das im eigenen Heim gleich jetzt und für beide. Das schafft auf der Kehrseite auch ein Potential von Enttäuschungen. Je höher die Erwartungen an die Paarbeziehung gehängt werden, desto eher wird die Beziehung als ungenügend erlebt. Die moderne Gesellschaft bewegt sich auf ein Heiratssystem zu, das die Individuen im Grunde zur Auflösung ihrer Beziehungen auffordert, sobald sie sich in dieser Beziehung nicht mehr glücklich fühlen.«

*Kristina – Ich dachte nur noch an Scheidung*

»Wenn ich an meine erste Ehe denke, dann muß ich sagen, mein damaliger Mann und ich haben alles erreicht, was wir wollten. Reisen, ein Haus, die Fortsetzung unserer Studien, ein Wunschkind. Aber ich war nie zufrieden und fühlte mich oft einsam. Mir fehlte die Essenz in unserer Beziehung. Das gemeinsame Gespräch. Nach fünf Ehejahren dachte ich nur noch an Scheidung. Aber ich hatte auch Angst vor der Scheidung. Was wird danach auf mich zukommen? Schaffe ich es allein, für meine Tochter zu sorgen? Na ja, ich habe es geschafft. Nicht ganz allein. Ich habe mir Schritt für Schritt ein soziales Netzwerk – wie man heute sagt – mit anderen Frauen aufgebaut.«

Liebe und Ehe als Versuch und Irrtum sind heute gesellschaftsfähig geworden. Es ist fast schon selbstverständlich, daß Paarbeziehungen nicht für das ganze Leben oder bis daß der Tod die Partner scheidet, abgeschlossen werden. Wir haben uns daran gewöhnt, daß sich gegenüber früheren Lebensläufen ein lebensgeschichtliches Muster von Paarbeziehungsfolgen und Fortsetzungsehen durchgesetzt hat. War es früher das ›verflixte siebte Jahr‹, das Paare in eine Trennungskrise stürzte, so brechen Ehen inzwischen bereits im dritten oder vierten Jahr auseinander. Und was wird dann aus der Liebe?

»Auch der Liebe kann man treu bleiben, selbst wenn man den Partner verläßt«, sagt Elisabeth Beck-Gernsheim. »War mit

Treue früher gemeint, daß die Partner sich treu bleiben sollten, so wird heute gefordert, daß jeder sich selbst treu bleibt, sein Potential an Möglichkeiten und Entwicklungsschritten erhalten und nicht verschütten soll. Gegenüber dem Primat der Individualisierung sind Personen austauschbar. Der Liebe treu bleiben kann in diesem Konzept nur der, der den nicht mehr geliebten Partner verläßt.«
Für Helm Stierlin sind es vor allem die ›Humanwerte‹, die sich der gesellschaftlich geprägten Verrechnungslogik entziehen: Fürsorge, Zuwendung, Großzügigkeit, die Bereitschaft, eigene Bedürfnisse zurückzustellen, Loyalität, klaglose Verläßlichkeit, zuversichtliche Ausstrahlung, Einfühlungsvermögen, Gesprächsbereitschaft und die Kunst des Zuhörens, die zu Verrechnungsnotständen in einer Paarbeziehung führen können. Sobald einer der Partner diese Werte nicht angemessen wahrnimmt oder als selbstverständlich voraussetzt, ist die Entfremdung voneinander vorprogrammiert.

### *Kristina – Über Politik konnten wir uns endlos streiten*

»Inzwischen weiß ich, wenn man enttäuscht ist, seine Erwartungen nicht erfüllt sieht, aber das aus Scham vielleicht nicht so richtig verbalisieren kann oder gar nicht weiß, warum man Hemmungen hat, etwas zu sagen, was einem wirklich fehlt, dann streitet man sich über formale Dinge, die eigentlich gar nicht der Streitpunkt sind. So war es bei meinem ersten Mann und mir. Über Politik konnten wir uns endlos streiten. Wir hätten auch vernünftig darüber sprechen können, mit sehr viel Verständnis füreinander, wenn nicht innerlich schon diese Enttäuschung auf beiden Seiten da gewesen wäre. Aber so wurde jedes Thema zwischen uns zu einer heißen Kartoffel, auch ganz dumme und kleine häusliche Sachen.«
Trotz Emanzipation und obwohl Frauen im Beruf ›ihren Mann stehen‹, sind sie es, die immer noch viel eher als Männer in der ›Liebeswährung‹ – von der Helm Stierlin spricht – rechnen und bereit sind, in dieser Währung zu zahlen, um die

Paarbeziehung und die Familie nicht zu gefährden. Doch erleben sie ihre Bereitschaft dazu immer mehr als innere Spannung, wenn nicht gar als Zerreißprobe, zumal sie oft beide Währungen, die Liebes- und die Leistungswährung im Beruf, in die Paarbeziehung einbringen. Der Mann dagegen rechnet und zahlt gern noch immer in der traditionellen Leistungswährung, darin sieht er seinen Beitrag zur Loyalität in der Beziehung. Für ihn stellt sich die Enttäuschung ein, wenn die Leistungswährung nicht genügend gewürdigt wird.

Daß Frauen und Männer in der Gestaltung ihres Lebens größere Freiheiten haben, daß die früheren lebenslangen Rollenfixierungen durchlässiger geworden sind, macht das Leben zu zweit bestimmt nicht einfacher. Vielmehr erwachsen ganz neue Zwänge daraus. »Was früher fester Bestandteil eines Paares war – man bleibt halt zusammen und zieht die Kinder groß, so brutal das auch für die einzelnen Personen gewesen sein mag –, muß heute zwischen Paaren immer wieder neu entschieden werden.« Darauf verweist Elisabeth Beck-Gernsheim. »Wo die qua Tradition auferlegten Beschränkungen entfallen, da wird die Selbstherstellung der eigenen Biographie zur stets unvollendeten Aufgabe. So sind Planungen und Entscheidungen zwar in einem gewissen Sinn frei, aber sie sind gleichzeitig durch den Druck der Individualisierung bestimmt, der in den Lebenslauf eingreift. Wer die Ehe, die Paarbeziehung dennoch aufrechterhält, der tut dies stets mit dem Wissen, daß es Auswege gibt. Die Aufrechterhaltung der Paarbeziehung gerät unter Begründungszwang. Er oder sie ist toll. Ich liebe sie oder ich liebe ihn.«

Die Destabilisierung von Paarbeziehungen ist vorgegeben durch den gesellschaftlich vorgegebenen Druck zur Individualisierung. »Vor diesem gesellschaftlichen Hintergrund können sich Menschen auch in Paarbeziehungen sehr unsicher und allein fühlen«, so ein Fazit, das Helm Stierlin zieht. Ähnlich sieht es auch Elisabeth Beck-Gernsheim: »Liebe unter demokratischen Bedingungen muß täglich in zäher Verhandlungsarbeit um Freiräume und Autonomie neu erkämpft werden, das heißt eine Art Weltgipfelkonferenz findet auf Dauer zwischen den Paaren statt. Das verlangt auf beiden Seiten eine Mischung aus Engelsgeduld und Frustrationstoleranz. Erschwerend kommt noch hinzu, daß die Beteiligten die Schwächen, die Empfindsamkeiten und kritischen Punkte des anderen kennen und oft gnadenlos ausnutzen, um an ihr jeweiliges Ziel zu kommen.«

Verrechnungsnotstände in Beziehungen, die jedem der beiden Partner in einer Beziehung das Gefühl geben, allein um die Beziehung mit seinen Möglichkeiten zu kämpfen, lassen sich im Grunde nicht aufheben. »Es sei denn«, so gibt Helm Stierlin zu bedenken, »der vermeintliche Schuldner dankt dem Gläubiger und versichert ihm seine Anerkennung und der Gläubiger betrachtet damit die Konten als ausgeglichen.« Jedoch – die zuvor beschriebenen Humanwerte von Geben und Nehmen entziehen sich einer rationalen Verrechnungslogik. Wenn das Paar weiterhin in unterschiedlichen Währungen rechnet, der eine Partner an der Liebeswährung, der andere Partner an der Leistungswährung festhält, bleiben die Konten zwangsläufig unausgeglichen. Hier zeigen sich für den Familientherapeuten Helm Stierlin nicht nur die Grenzen des Bemühens um Gerechtigkeit in einer Paarbeziehung, weil beide Partner ihre Verrechnungsohnmacht erleben, sondern hier offenbart sich für ihn »auch der irrationale Untergrund, aus dem all unser Streben nach Ordnung und Rationalität erwächst«. Bei all unseren Bemühungen um Gerechtigkeit wird es uns nicht gelingen, gegenseitiges Geben und Nehmen in zwischenmenschlichen Beziehungen genau zu erfassen.

## Nähe und Distanz

In einer intimen Beziehung ist es notwendig, unser inneres Gleichgewicht zwischen Nähe-Wünschen und notwendiger Distanz, die Trennung zwischen dem *Ich* und dem *Du* immer wieder neu auszubalancieren. Wie schon als Kind kommen wir als Erwachsene nicht an der Lebensaufgabe vorbei, uns selbst zu begrenzen mit unseren symbiotischen Wünschen nach Geborgenheit und Nähe. Und wir müssen neu lernen, uns vor der Vereinnahmung und den symbiotischen Wünschen der Partnerin oder des Partners abzugrenzen. Auf diese Aufgaben sind wir durch unsere Erziehung meistens nicht besonders gut vorbereitet. Durch den Versuch der Trennung zwischen dem *Ich* und dem *Du* können in jeder Phase unseres Lebens Unsicherheit und Zweifel, aber auch die frühen Einsamkeitsgefühle des abhängigen kleinen Kindes wieder in uns erwachen. Um uns vor diesen Einsamkeitsgefühlen zu schützen, versuchen wir dann die Partnerin oder den Partner von uns abhängig zu machen. Ein beliebtes Mittel, um Abhängigkeiten zu erzeugen, das von Frauen wie Männern gleichermaßen eingesetzt wird, ist es, der Partnerin oder dem Partner ihre Schwächen vor Augen zu führen und den anderen abzuwerten.

Einsamkeit und Liebe sind zwei große Worte, über die schon viel geschrieben wurde. Dennoch sei es hier wiederholt: Liebe ist auch die Kunst, loslassen zu können. Liebe heißt, den anderen Menschen nicht ummodellieren zu wollen, sondern ihn in seinem Anderssein zu akzeptieren.

Eine der größten Fallen, in die Frauen wie Männer geraten können, ist ihre innere Unsicherheit und ihre soziale Rollenunsicherheit. Diese Unsicherheiten – der Zweifel: Werde ich wirklich geliebt? – können zu Höchstleistungen anspornen, dem Objekt der Liebe ständig zu Hilfe zu eilen, um es dadurch an sich zu binden. Jeder Versuch des anderen, die Tentakeln der Liebe etwas zu lockern, führt dann fast zwangsläufig zu so bekannten Vorwürfen wie: ›Ohne mich wärst du völlig hilflos und allein. Du brauchst mich doch.‹ – ›Ohne mich könntest du bis heute noch nicht einmal ein Buttermesser von einem Fischmesser unterscheiden.‹ – ›Ohne mich wärst du nicht einmal imstande, eine Bewerbung zu schreiben.« Daß die Partnerin oder der Partner beides irgendwann

selbst ohne die Hilfe des anderen gelernt hätten, zählt selbstverständlich nicht.
Ein anderes, bei beiden Geschlechtern beliebtes Mittel ist es, den Partner zu idealisieren, um ihn an sich zu binden. Dann heißt der Text: ›Ich brauche dich, weil ich allein hilflos bin.‹ – ›Ohne dich wäre ich nicht imstande, ein Buttermesser von einem Fischmesser zu unterscheiden.‹ Aber ob der Partner nun abgewertet oder idealisiert wird, um ihn an sich zu binden, in beiden Fällen wird an die Schuldgefühle des anderen appelliert.
Was hier vereinfacht als die ›Fallen der Liebe‹ bezeichnet wurde, sind im Grunde die Fallen, die wir uns selbst stellen, sobald wir an uns selbst zweifeln und unsicher sind. Die Abhängigkeit in der Liebe ist ein gängiges Motiv alter und neuer Schlagertexte und wird in vielen Varianten in dem immer gleichen Tenor besungen: ›Ohne dich ist das Leben sinnlos für mich, ohne dich fühl ich mich so allein.‹ So schön diese Worte zunächst in unseren Ohren klingen mögen, so sehr sie uns schmeicheln, unseren Wünschen einen Ausdruck verleihen, nicht allein zu sein – auf Dauer können zwei Menschen mit dieser Idealisierung und dem Anspruch an die andere Person, den Partner, nicht miteinander leben.

# V. Abschied von der Liebe

## Ideale Trennungen gibt es nicht

»Scheiße! Mann weg. Koffer gepackt, verschwunden. Er mußte allerdings noch hinzufügen, daß er unglücklich gewesen sei. Und das, nachdem er mindestens zweimal in der Woche behauptet hatte, was für eine ideale Verbindung wir seien. Ohne etwas Grausamkeit geht es offenbar nicht. Platzen soll er.« Dies schreibt die Journalistin Renate Rubinstein in ihrem Buch »Nichts zu verlieren und dennoch Angst – Notizen nach einer Trennung«.

Ideale Trennungen gibt es nicht, auch wenn wir es gerne und vernünftigerweise so hätten. Die Trennung von einer Partnerin oder einem Partner läßt uns nicht nur einsam, sondern oft auch hilflos, voller Wut, Trauer, Angst und Selbstzweifeln zurück. Selbst die Tatsache, daß wir vielleicht die Person waren, die die Trennung gewollt hat, ändert daran nur wenig. Die Fragen, wohin denn nun mit mir, wie soll es weitergehen, bleiben nicht aus. Selbst die Freundinnen und Freunde, so scheint es uns wenigstens, haben ihr Gesicht verändert und sehen uns mit anderen Augen an. Wir fühlen uns zeitweise als Außenseiterin oder Außenseiter, nicht mehr dazugehörig. Die Welt, in der wir bis dahin gelebt haben – nichts als Trümmer und Scherben sind davon geblieben. Wie können wir die Trümmer und Scherben neu zusammensetzen? All die Zeit, unsere Bemühungen und Anpassungsversuche, die wir in die Partnerschaft investiert haben – vergebliche Liebesmüh? Waren wir wirklich so dumm, uns täuschen zu lassen von dem anderen und uns selbst?

*Mariska – Ich glaubte, eine Zumutung für andere zu sein*

»Nach der Trennung von meinem Freund war ich ganz unten. Zuvor waren wir in unserem Freundeskreis das ideale Paar. Er hat dann eine andere Frau gefunden. Damals hatte ich gerade Pläne, meine Arbeitsstelle zu wechseln. Diese Entscheidung konnte oder wollte ich ohne ihn nicht treffen. Warum auch? Ich hab auch an unsere Zukunft gedacht. In dieser Situation hat er sich von mir getrennt. Alles erschien mir danach plötzlich so sinnlos. Ich bin in meinem Job geblieben. Aus meinem und seinem Freundeskreis habe ich mich allerdings völlig zurückgezogen, weil ich glaubte, eine Zumutung für andere zu sein. Ich wußte ja nicht, wie es weitergeht mit mir. Jede Einladung habe ich abgelehnt. Worüber sollte ich sprechen? Über die Leere in mir? Ich weiß nicht einmal, ob ich traurig war, mich wirklich einsam fühlte. Geweint habe ich nie. Alles Leben um mich herum verschwand unter einem Grauschleier, nichts schien mir mehr wichtig. Warum muß ich weiterleben? dachte ich.«

Vielleicht ist es auch das, was jeder für sich als Einsamkeit bezeichnet, diese selbst gewählte Distanz zu anderen, diese Verhärtung nach außen. »Ich glaube, ich habe den Kontakt zu den Freundinnen und Freunden gemieden, weil ich so dünnhäutig war, mich so verlassen und ungeschützt fühlte, fast wie als Kind«, sagt Mariska. »Ich fühlte mich auch noch als Versagerin in unserer Beziehung. Hätte man mich damals auf die Trennung von meinem Freund angesprochen, dann hätte ich vielleicht doch geweint. Diese zusätzliche Blamage wollte ich mir ersparen. Jetzt nach über einem Jahr der Trennung kann ich das kaum noch verstehen. Ich muß allerdings noch hinzufügen, daß ich jetzt eine Gesprächstherapie in einer Gruppe mache.«

Wie Renate Rubinstein oder Mariska wollen wir wohl alle mit einer tollen Paarbeziehung in unserer sozialen Umgebung ein wenig glänzen. Wir wollen die Ausnahme von der Regel sein. Wenn die Beziehung dann auseinandergeht, wollen wir immer noch ein wenig glänzen und in unserem Freundeskreis beweisen, daß wir ohne jeden Knacks in unserem Selbstbewußtsein die Trennung überstanden haben, daß wir nach einer Trennung vom Partner auch als Solisten sehr gut im Leben zurechtkommen. Aber helfen uns diese ›guten‹ Vorsätze wirklich weiter, wenn wir damit nur den äußeren Schein wahren wollen?

### *Martin – Ich wollte nur noch eins: die Trennung rückgängig machen*

»Es gab keine Gemeinsamkeiten mehr zwischen uns, deshalb wollten meine Lebensgefährtin und ich uns trennen. Nicht für immer, nur vorübergehend. Wir dachten, ein bißchen Abstand tut uns gut. Also bin ich aus unserer gemeinsamen Wohnung ausgezogen. Ich hatte ganz tolle Pläne. Endlich allein und frei, so dachte ich. Endlich Ruhe, um malen zu können, wenn der stressige Arbeitstag vorbei ist. Ich hatte eine Dachwohnung gefunden. Zuerst war ich total beschäftigt, dieses Wohn-Studio zu renovieren. Über die Trennung hab ich da nicht groß nachgedacht. Das kam erst später, als ich merkte, die Lust am Malen ist mir vergangen. Zu der Zeit kam Jutta schon nicht mehr, um mal nach mir zu sehen, wie sie immer sagte. Sie hatte nämlich einen neuen Freund gefunden. Die richtige Trennung zwischen uns war ein Absturz für mich. Ich hing völlig durch, saß jeden Abend vor dem Fernseher, trank Bier und noch etwas mehr, einen Kognak. Mein Dach-Studio ließ ich verschlampen. Von wegen ungebunden und frei, in Ruhe malen. Ich wollte nur noch eins: die Trennung rückgängig machen. Aber dafür war es halt zu spät.«

Die Gründe, die zur Trennung eines Paares führen, hängen meistens damit zusammen, daß beide Partner sich im Laufe der Zeit verändert und unterschiedliche Entwicklungsschritte durchlaufen haben, ohne daß die beiden sich einander hätten mitteilen können. Plötzlich fühlt man sich einsam in der räumlichen Nähe zu zweit. Die gemeinsame Entwicklung, die gegenseitige Unterstützung ist irgendwo auf der Strecke geblieben. An die Stelle von Vertrauen, Aufmerksamkeit und Verständnis füreinander ist die Entfremdung getreten. Und das schmerzt.

Das Ende einer Liebe und die Trennung geht einher mit einer Kränkung unseres Selbstwertgefühls, mit Einsamkeitsgefühlen. Dann tauchen Fragen auf: ›Bin ich anders, als ich dachte?‹ ›Bin ich nicht liebenswert?‹ Unser Selbstwertgefühl kann uns sogar vorübergehend ganz abhanden kommen. Dabei spielt es keine Rolle, daß wir in der Partnerschaft unser Leben sehr selbständig gemeistert haben. »Man wird in den Augen eines anderen man selbst. Wenn dieser andere nicht mehr guckt, ist man sein Selbst los«, schreibt Renate Rubinstein in ihren Trennungsnotizen. Plötzlich fühlen wir uns wieder ganz allein auf der Welt und trauen uns nichts mehr zu. Das Leben scheint sinnlos geworden zu sein. Wir haben in der Beziehung zum anderen vielleicht fast unmerklich unsere Identität weiterentwickelt, so schwierig dies auch oft gewesen sein mag. Wenn der andere nicht mehr da ist, nicht mehr guckt, dann ist man scheinbar sein *Ich* los.

Psychologen sprechen von einer Ich-Katastrophe, die der Schock der Trennung von einem geliebten Partner in uns auslösen kann, weil die durch Liebe gewonnene Identität plötzlich verlorengegangen ist. Aber in Wirklichkeit ist diese Identität nicht ganz verlorengegangen. Auch wenn es im Augenblick der Trennung unmöglich erscheint – wir werden uns wieder auf sie besinnen können und werden uns selbst wieder finden.

Manche Menschen erleben die Trennung von der geliebten Person wie einen bösen Traum. Sie glauben, sie müßten nur erwachen, dann sei alles vorbei: der böse Traum, die verzweifelten Gedanken, die Gleichgültigkeit dem Leben gegenüber. Der Schock der Trennung wird so etwas abgemildert. Andere Menschen verfallen in Tagträume, wie sie die Trennung rückgängig machen könnten. In ihrer Phantasie spielt sich ein endloser Film ab. Lange Spaziergänge oder Gespräche bei

Kerzenlicht und Wein, die früher nie stattgefunden haben, werden in diesem Film inszeniert, um endlich alle früheren Mißverständnisse aufzuklären. Oder all die bis dahin vergessenen schönen und aufregenden Augenblicke des gemeinsamen Lebens werden wieder wach. ›Weißt du noch? Unser erster Ausflug nach Baden-Baden in die Disco. Und dann sind wir noch ins Casino gegangen und hatten kaum Geld in der Tasche.‹ – ›Erinnerst du dich noch an den Tag, als ich dich meinen Eltern vorgestellt habe, wie peinlich das war, wie wir beide da geschwitzt haben?‹

Solche Tagträume und Erinnerungen gehören zur Trauer um den Verlust des Partners. Sie halten den Wunsch lebendig, die Bindung an die frühere Partnerin oder den Partner nicht so schnell zu verlieren. Aus ihnen spricht die Hoffnung, die Trennung rückgängig machen und einen neuen Anfang wagen zu können. So verständlich die Hoffnung ist, eine Trennung, die durch den Entschluß der Partnerin oder des Partners herbeigeführt wurde, wieder aufheben zu wollen – hier ist Vorsicht geboten. Bevor wir versuchen, einen neuen Anfang zu wagen, sollten wir Zeit darüber verstreichen lassen und etwas Abstand gewinnen. Die Zeit des Trauerns um den Verlust des Partners ist auch die Zeit, über uns selbst nachdenken zu können, unsere Identität ohne den geliebten Menschen wiederzufinden. Wenn die Wiederannäherung an die Person, die uns verlassen hat, verbunden ist mit dem Wunsch, die alte Beziehung dort wieder zu beginnen, wo sie aufgehört hat, ist die Wiederannäherung meist zum Scheitern verurteilt. Der andere wird sie als Anklammerung erleben, auf Distanz gehen. Unser Selbstwertgefühl wird wiederum leiden. Wir werden uns erneut verlassen fühlen.

Waren wir die Person, die den anderen verlassen hat, und wollen wir nun die alte Bindung wieder aufnehmen, weil wir uns nicht frei, sondern alleine fühlen, sollten wir, trotz aller Trauer, nicht die Augen vor der Vergangenheit verschließen. Es gab doch Gründe für unseren Entschluß zur Trennung. Wir sollten sie ernst nehmen und erneut betrachten. Diese

Gründe nicht zu vergessen, sie nicht klein zu machen in unserer Erinnerung, kann uns vor neuen Enttäuschungen bewahren. Der andere wird sich nicht ändern, nur weil wir es wünschen. Und wir selbst werden uns auch nicht ändern und unsere Erwartungen auf Dauer gesehen herunterschrauben.
Einsamkeitsgefühle, das Bedürfnis nach Rückzug oder das Gegenteil davon, die Flucht in hektische Aktivitäten, um die Einsamkeit nicht zu spüren, sind ganz normale Begleiterscheinungen, wenn ein Paar sich getrennt hat. Auch die Suche nach neuen flüchtigen sexuellen Erlebnissen gehört dazu, weil sie kurzfristig Bestätigung versprechen. Es gibt keinen Grund, sich dieser widersprüchlichen Gefühle zu schämen. Auch wenn es uns schwer fällt, ist es gut, das Gespräch darüber mit anderen zu suchen. Fast jeder Mensch kennt diese widersprüchlichen Gefühle, die mit dem Ende einer Liebe einhergehen, die wir einmal als groß und dauerhaft entworfen und erlebt haben.

## Die Zeit des Trauerns

Aus der Psychotherapie ist bekannt, daß die Zeit der Trauer und des Abschieds von einem geliebten Menschen in drei Phasen verläuft.
In der ersten Phase wird die Trennung und der Verlust des geliebten Menschen noch nicht realisiert. Entweder verleugnen wir den Verlust oder der andere ist in unserer Phantasie immer noch bei uns und lebt in unserem Gefühl weiter. Wir bilden uns ein, daß er zu jeder Zeit zur Tür hereintreten könnte. Wir warten auf das Geräusch, wenn der andere mit seinem Schlüssel die Wohnungstür öffnet. Wir warten auf seinen oder ihren Anruf. Die Anrufe von Freunden, die uns früher wichtig waren, interessieren uns nur am Rande. Auch wenn wir es vielleicht nicht wahrhaben wollen, nichts erleben wir in dieser Phase so intensiv wie die Abwesenheit des

anderen. In unseren Gedanken setzen wir die abgebrochenen Gespräche mit dem anderen fort. In diesen imaginären Gesprächen sprechen wir Schuldgeständnisse aus und geben Erklärungen ab, bitten um Verständnis, oder wir sprechen über unsere Verletzungen, über unsere Wut. Jetzt muß uns der andere endlich zuhören. Er kann uns nicht mehr ausweichen so wie früher. Aber antwortet er noch? Geben wir uns nicht selbst die Antworten des anderen, die wir gerne hören möchten?

Die erste Phase des Alleinseins und der Trauer kann mit trotzigen Sehnsüchten nach Wiedervereinigung verbunden sein. Wir brauchen Zeit, um den Verlust des anderen zu verwinden, Zeit, um unser erschüttertes Selbst- und Weltverständnis wieder neu zu gewinnen. »Die Trauer«, so schreibt die Psychotherapeutin Verena Kast, »ist die Emotion, durch die wir Abschied nehmen, Probleme der zerbrochenen Beziehung aufarbeiten und soviel wie möglich von der Beziehung und von den Eigenheiten des Partners integrieren, so daß wir mit neuem Selbst- und Weltverständnis weiterzuleben vermögen.«

Die zweite Phase der Trauer, in der das Fehlen des geliebten Menschen langsam angenommen wird, wird von Psychotherapeuten mit dem Begriff der Desorganisation umschrieben. Diese Phase ist besonders kritisch. Verlassenheitsgefühle, innere Leere, Resignation, der Rückzug von der Außenwelt, der Verlust der Identität, Unsicherheit, Selbstmordgedanken und irrationale Angstzustände sind kennzeichnend für diese Phase.

### *Jürgen und Anja – Trennungen machen uns ängstlich*

Einige Wochen nach der Trennung von seiner Freundin verkaufte Jürgen sein Motorrad. Motorradfahren war sein großes Hobby. Doch die Freude daran war ihm vergangen. »Natürlich wußte ich auch vorher, daß dieser Sport gefährlich ist, aber es machte mir nichts aus. Ich hatte keine Angst vor dem

Risiko. Die Angst kam erst, als meine Freundin den Schlußstrich unter unsere Beziehung gezogen hatte.«
Ganz Ähnliches erzählt auch Anja. »Als die Scheidung von meinem Mann durch den Richterspruch besiegelt war, stellten sich bei mir ganz komische Ängste ein. In meiner Phantasie und in meinen nächtlichen Träumen stand ich vor einem sozialen Niedergang. Ich hatte Angst, unter Leute zu gehen. Ich hatte Angst vor dem Vermieter unserer Wohnung, die ich nun allein bewohnte. Ich hatte Angst vor den Nachbarn. Zu jedem Einkauf im Supermarkt mußte ich mich überwinden. Noch schlimmer habe ich die Angst vor dem Autofahren erlebt. Ich hatte immer Windmühlen im Bauch. Sobald die Straße nur etwas bergab ging, fing ich an zu zittern, hatte ständig den Fuß auf der Bremse und dabei gleichzeitig die Vorstellung, die Bremsen werden versagen. Ich konnte damals diese Angst nicht beschwichtigen. Sie legte sich erst nach und nach.«
Die zweite Phase der Trauer ist auch die Zeit, in der das Gefühl der Einsamkeit und des Alleinseins zur Krankheit werden kann, in der Resignation und Selbstzweifel in eine tiefe Depression münden können. Man vegetiert einfach nur apathisch vor sich hin. Oder die Sehnsucht nach dem verlorenen Menschen kann zur Sucht werden, mit den Folgen des Alkohol- und Tablettenmißbrauchs. Es ist die Zeit, in der die Angstzustände eine andere emotionale Qualität gewinnen, sich verfestigen und zu selbst destruktivem Verhalten führen können. Die Einsicht in solche selbst destruktiven Verhaltensweisen fehlt vielleicht, oder man möchte unbewußt für andere damit ein Zeichen setzen: Helft mir, sorgt euch um mich! Doch solche Hilferufe sind für andere schwer nachzuvollziehen. In dieser zweiten Phase kann es notwendig werden, psychotherapeutische Hilfe zu suchen.
In der dritten Phase der Trauer beginnt schließlich die Neuordnung des Lebens ohne den Partner. Die Gedanken und Empfindungen konzentrieren sich langsam wieder auf die Zukunft, ein neues Verständnis der Vergangenheit und Ge-

genwart wird entwickelt, das auch zu einem veränderten Selbstbild führen kann. Die Rückbesinnung auf das Selbstbild ohne die frühere Partnerin oder den Partner und die Entwicklung der Selbstfindung und eigenen Identität ohne den früheren Partner wird möglich. In ihrem Buch »Ich allein« schreibt Jeanette Lander: »Harriet versuchte, unter der Lawine des jetzt neu zu Ordnenden, die über sie hereinbrach, nicht verschüttet zu werden und wenigstens für eine kurze Zeit ihrem Vorsatz zu entsprechen: Nur hier sitzen und an Hand der Gegenstände in der Wohnung eine Art Bestandsaufnahme zu betreiben; von ihnen ausgehend, auf sich zu kommen ... An Hand des Schreibtisches zum Beispiel sich zu fragen: Warum sie immer noch darauf schreibt. Was das überhaupt aussagt?«

Freilich sind die hier beschriebenen Phasen der Trauer und Einsamkeitsgefühle nicht schematisch zu sehen. Es gibt nicht nur Zeitverschiebungen in diesen Phasen, sie werden von den jeweils Betroffenen unterschiedlich intensiv erlebt. Denn so wie die Liebe ändert auch die Trauer und das Gefühl der Einsamkeit nach dem Verlust eines Partners immer wieder ihr Gesicht. Wie schmerzlich der Verlust des Partners erlebt wird, wie lange unsere Trauer andauert, ob wir zeitweilig von unseren Ängsten vor dem Alleinsein ganz überschwemmt werden und glauben, nicht überlebensfähig ohne den anderen zu sein, unsere Identität verloren zu haben, hängt sicher davon ab, wie lange die Beziehung Bestand hatte. Doch auch unser ›Vorleben‹, die ›innere Landkarte‹, in der unsere Erfahrungen und die damit verbundenen Gefühle aufgezeichnet sind, spielen eine Rolle. Dies von frühester Kindheit an. Verena Kast schreibt dazu: »Es fällt mir immer wieder auf, daß das Bedürfnis nach symbiotischem Verweilen der Forderung nach Trennung entgegensteht. ... Ich stelle die These auf, daß der Rhythmus von Symbiose und Individuation nicht nur für das Kleinkind, sondern auch für den Erwachsenen gilt.«

Da wir uns über die Beziehungen zu anderen Menschen definieren und – wie es hier bereits dargestellt wurde – unsere

Bindungen an andere ein wesentlicher Aspekt unseres Selbsterlebens sind, kann uns die Trennung von einer Partnerin oder einem Partner in eine schwere innere Krise stürzen. Eine Kränkung des Egos ist fast immer unvermeidlich. In dieser Kränkung liegt aber auch die Chance, unsere Erwartungen an andere und unser Selbstbild neu zu reflektieren. Haben wir die Erwartungen an uns selbst und damit auch an den anderen nicht zu hoch angesetzt? So schwer es uns auch fallen mag – im Grunde führt kein Weg daran vorbei, unsere Erwartungen und unser Selbstbild immer wieder an der Realität und den Erwartungen der anderen neu zu überprüfen. »Wir müssen abschiedlich existieren, verbunden mit der Trauer, mit dem Schmerz und der Möglichkeit, unsere Situation immer wieder zu gestalten«, meint Verena Kast. »Gerade die Trauer kann ein Stück Selbstverwirklichung auslösen.«

An der ›Einsamkeit zu zweit‹, an den Gedanken, eine Paarbeziehung zu beenden, wirken immer zwei Menschen mit. Dabei ist es fast gleichgültig, wer den Entschluß letztlich trifft und in die Tat umsetzt. Derjenige, der verlassen wurde, wird sich zunächst im Nachteil fühlen, den Verlust, die Schmerzen der Trennung und sein Alleinsein stärker erleben. Doch zur Weiterentwicklung des Menschen gehört es, sich aus falsch gewählten oder überlebten Bindungen zu lösen, sich den damit einhergehenden Ängsten und Einsamkeitsgefühlen zu stellen, Zeiten des Alleinseins, der Trauer zu durchleben. Nur so können wir unser Selbstvertrauen zurückgewinnen und weiterentwickeln, uns von der kindlichen Phantasie befreien, daß es immer die anderen sind, die für unser Glück oder Unglück verantwortlich sind.

Der äußere und innere Rückzug, das Bedürfnis, zeitweilig lieber allein zu sein, soziale und freundschaftliche Beziehungen in der Zeit nach einer Trennung von einem Partner nicht mehr so wie früher wahrnehmen zu können, ist nur allzu verständlich. Es ist wichtig, die Trauer in uns zuzulassen und zu akzeptieren, der Trauer ihre Zeit zu lassen. Erst dann können wir wieder einen neuen Anfang im Leben wagen. Selbst in der

Trauer um eine verlorene Person lassen sich Anhaltspunkte und Hinweise finden, um das Leben neu zu ordnen, mit sich selbst wieder in Einklang zu kommen.

## Fragen zur Trauerarbeit

o Welche Erwartungen haben wir in den Partner gesetzt? Haben die Erwartungen etwas mit unseren früheren Beziehungen zu tun? Haben sie etwas mit unseren Eltern zu tun, mit Wünschen nach Nähe und Geborgenheit, die uns die Eltern nicht erfüllen konnten?

o Fühlten wir uns von den Eltern überbehütet oder verlassen?

o Hatten wir die Hoffnung, bestimmte Lebensziele, verschüttete oder vernachlässigte Eigenschaften in uns durch die Bindung an einen Partner nun endlich verwirklichen zu können? Und welche davon konnten wir verwirklichen? Welche Ziele konnten wir nicht verwirklichen?

o Hatten wir den Wunsch, daß auch wir dem anderen durch unsere Liebe Beistand geben können, seine Lebensräume zu erweitern? Und ist es ihm mit unserem Beistand gelungen?

o Wie eng und ausschließlich war unsere Bindung an die Partnerin oder den Partner?

o Haben wir darüber engere Gefühlsbindungen zu anderen Menschen, die schon bestanden, vernachlässigt und aus den Augen verloren?

o Haben wir neue soziale Beziehungen und enge freundschaftliche Bindungen, während wir uns noch in der Partnerschaft geborgen fühlten, vermieden?

o Welche Bedeutung hatten Trennungen in der Kindheit für uns?

- o Haben wir sie sehr hilflos erlebt?
- o Haben wir durch unsere Eltern gelernt, daß Trennungen schmerzen und wir den Schmerz zulassen dürfen?
- o Haben die Eltern uns signalisiert: Ohne uns wärest du völlig verloren?
- o Inwieweit waren unsere Erwartungen außen geleitet durch unsere Herkunftsfamilie oder durch bestimmte gesellschaftlich gesetzte Normen?

# VI. Vom Umgang mit dem Alleinsein und der Einsamkeit

Menschen, die sich einsam fühlen, haben kein besonderes gesellschaftliches Merkmal. Wie schon gesagt wurde, definieren Psychologen die Einsamkeit als leidvoll erfahrene innere Befindlichkeit, als Gefühl, das Kinder und Jugendliche, das kranke und alte, arbeitslose und heimatlose Menschen, aber auch Paare oder erfolgreiche, gesellschaftlich angesehene mächtige Manager und Politiker gleichermaßen heimsuchen kann. Einsamkeit ist bei genauerer Betrachtung ein ambivalentes Phänomen und hat im Grunde wenig mit der Lebensform, dem Alter oder dem gesellschaftlichen Status zu tun. Deshalb ist es wichtig, die Begriffe Einsamkeit und Alleinsein voneinander zu unterscheiden. Diese beiden Worte bedeuten nicht dasselbe. Doch werden sie in der Umgangssprache meistens synonym gebraucht. Wer allein lebt, der muß auch einsam sein. So denken wir. Aber es sind nicht immer die Solisten unter uns, die sich einsam fühlen. Wer allein lebt, muß sich nicht zwangsläufig einsam fühlen. Und umgekehrt gilt, wie hier gezeigt wurde: Wer sich einsam fühlt, muß nicht alleine leben. Auch in einer Zweierbeziehung können sich Menschen sehr einsam fühlen. Und selbst Menschen mit vielen sozialen Kontakten und beruflichem Erfolg können sich einsam fühlen.

Oft sind das Wissen und die Akzeptanz um die Verantwortung, die wir bei all unseren größeren und kleineren Entscheidungen täglich und immer wieder neu für unser Leben übernehmen müssen, der Grund für unsere zeitweiligen oder andauernden Einsamkeitsgefühle. Wir können jedoch unsere Zukunft trotz aller Vorsichts- und Sicherheitsmaßnahmen nur sehr begrenzt ausloten und bestimmen. Die daraus resultierende Unsicherheit ist der Grund dafür, daß wir uns bei unseren Entscheidungen, die unser Leben betreffen, mehr oder weniger einsam fühlen. Der moderne Mensch, der Homo faber, der sich selbst erschaffende Mensch, ist wie seine Vorfahren prinzipiell und existentiell ein einsamer Mensch, der schuldlos schuldig werden kann und schuldlos am Leben scheitern kann. Der uns so selbstverständlich gewordene Anspruch, daß wir für die Schöpfung und Gestaltung unserer Lebensgeschichte allein verantwortlich sind, verleitet zu Allmachtsphantasien, zu einem Machbarkeitswahn in unserer Lebensplanung, so als könnten wir allein mit unserem Willen ein trauriges, leidvolles Schicksal, das immer wieder auch Trennungen, Verluste und Niederlagen in sich birgt, von uns abwenden. Wenn wir mit diesen Allmachtsphantasien gescheitert sind, werden wir letztlich wieder mit unserer existentiellen Einsamkeit angesichts der Endlichkeit des Lebens konfrontiert. Die Erfahrung der Lebensrealität ist immer mit Leid und mit zeitweiligen Einsamkeitsgefühlen verbunden.

Andauernde Gefühle der Einsamkeit deuten darauf hin, daß etwas mit unserer seelischen Befindlichkeit nicht stimmt, daß wir mit uns selbst nicht in Einklang leben, daß wir aus unserem inneren Gleichgewicht geraten sind und uns selbst kein guter Freund und Lebensbegleiter sind. Sie deuten darauf hin, daß wir aus tragenden, Sinn stiftenden Gemeinsamkeiten mit anderen herausgefallen sind. Die innere Einsamkeit geht einher mit einer Verlusterfahrung von Gemeinsamkeiten, an der wir leiden und der wir uns hilflos ausgeliefert fühlen. Sobald wir aber über die Erfahrung unserer inneren Einsamkeit ernsthaft nachdenken, werden wir feststellen, daß wir mit uns selbst nicht im Einklang leben. »Die innere Verfassung des Menschen und seine Gemeinschaftsfähigkeit sind im Grunde eins«, schreibt der Philosoph Hans-Georg Gadamer. »Nur wer mit sich selbst Freund ist, kann sich dem Gemeinsamen einfügen. Man kennt den Fall des Asozialen im engen psychiatrischen Sinne des Wortes. Er ist genau dadurch charakterisiert, daß ihm das Vertrautsein und Zusammenleben mit sich selbst, die Einigkeit mit sich selbst, entglitten und zerbrochen ist.«

Es gibt keine Patentrezepte, auch keine ›richtige‹ Therapie, wie der seelischen, existentiellen Einsamkeit beizukommen ist. Nicht nur der moderne Mensch, der Homo faber, sondern der Mensch schlechthin ist prinzipiell im Angesicht des Kosmos ein einsames Wesen. Deshalb ist er auf die tragende Gemeinsamkeit, die Solidarität und Kommunikation mit anderen Menschen angewiesen. Seine existentielle Einsamkeit offenbart sich ihm in vielschichtigen individuellen Ursachen und Erscheinungsformen, mit denen er in jeder Lebensphase immer wieder neu konfrontiert wird und umgehen muß. Die existentielle Einsamkeit des Menschen offenbart sich ihm vor allem dann, wenn die gewohnten Beziehungen und Beziehungsmuster zu anderen Menschen brüchig werden, weil etwas, was einmal gemeinsame Lebensrealität war, sich verändert hat: Die intime Beziehung zu den Eltern, auch wenn wir oft wütend auf sie waren; die vertrauensvolle Nähe zu anderen während der Schul- oder Studienzeit oder im Arbeitsleben; die Identität mit dem Beruf; die Intimität in einer Paarbeziehung. Wir wünschen uns Kontinuität und Sicherheit im Leben. Wenn wir merken, daß es diese Kontinuität und Sicherheit im Grunde nicht gibt, fühlen wir uns verunsichert und einsam. Die tragende Gemeinsamkeit, die Solidarität mit anderen Menschen ist aber nicht selbstverständlich, sondern vergänglich und muß immer wieder neu errungen werden. Unsere Einsamkeitsgefühle erinnern uns letztlich an die Vergänglichkeit, an die Endlichkeit des gegenwärtigen Lebens und an den Tod; deshalb wollen wir sie nicht gerne wahrnehmen. Wir kommen jedoch nicht darum herum, in jeder Lebensphase die Endlichkeit unseres gegenwärtigen Lebens, unsere existentielle Einsamkeit und unsere Angewiesenheit auf unsere Mitmenschen mitzudenken und zu akzeptieren, wenn wir innerlich nicht vereinsamen wollen, denn sonst sind es die Einsamkeitsgefühle, die mit uns umgehen und mit uns ihre Spielchen treiben. Die Welt der Nähe und Vertrautheit ist aber dem Menschen, der sich innerlich einsam fühlt, fremd geworden, oder er hat sie nie so richtig gekannt. Deshalb sei an dieser Stelle nochmals auf die Ursachen unserer Einsamkeitsgefühle verwiesen.

## Ohne Trennungen gibt es keine Weiterentwicklung

Häufig sind es biographische Übergangs- und Umbruchphasen, in denen sich Menschen einsam fühlen. Wenn das Gewohnte brüchig wird, unser Selbstkonzept und unser Weltbild erschüttert wurden und neu festgelegt werden müssen, fühlen wir uns oft einsam – auch dann, wenn wir nicht alleine leben.

Sich trennen zu müssen – von den Eltern, Geschwistern, von Orten und Menschen, von der großen Liebe, ja auch von Lebensvorstellungen und Träumen, von dem, was uns für gewisse Zeit einmal Halt und Sicherheit versprach, ist lebensnotwendig. Wir können nicht festhalten, was wir lieben und zu besitzen glauben, auch wenn wir uns das gerne einreden. Ohne Trennungen gibt es keine Weiterentwicklung. Trennungen – so schmerzhaft sie auch sein mögen – bewahren uns davor, innerlich stehen zu bleiben und zu erstarren. Sie öffnen uns den Weg, neue Erfahrungen zu sammeln, mit uns selbst und anderen. Gerade in solchen Lebensabschnitten sind manche Menschen psychisch offener und tendieren dazu, sich intensiver zu beobachten und nach innen zu horchen. Aber auch Fragen über vermeintliche Ungerechtigkeiten drängen sich auf: Warum mußten die Eltern, warum mußte der Mann so früh sterben? Warum hat mich meine Partnerin oder mein Partner verlassen? Warum mußte gerade ich meinen Arbeitsplatz verlieren? Warum mußte gerade mich diese schwere Krankheit treffen? Das früher so unangefochtene Selbstverständnis – mir kann so etwas nicht passieren – und das Vertrauen in die eigenen Fähigkeiten bekommt einen Knacks. Zorn und Enttäuschung quälen uns.

Selbstzweifel und Schuldgefühle über Versäumnisse bleiben in Trennungssituationen nicht aus. Haben wir alles getan, was wir für die geliebte Person, die uns verlassen hat, tun wollten? Trennungen machen den Menschen dünnhäutig, unsicher und ängstlich. Trennungen verletzen uns. Aus Angst vor neuen Enttäuschungen oder weil wir niemandem unsere

Gefühle der Verlassenheit zeigen wollen, ziehen wir uns vor der Außenwelt zurück. Jeder sollte für sich diesen inneren und äußeren Rückzug ohne Selbstvorwürfe akzeptieren. Der zeitweilige Rückzug von der Außenwelt kann der Selbstbesinnung dienen. Im Rückzug von der Außenwelt gewinnen wir Zeit, um innere Kräfte zu sammeln oder gar neu zu entdecken, um das Leben nach einem Verlust, den jede Trennung mit sich bringt, zu reorganisieren.

Sehr eindrücklich notiert Barbara Bronnen in ihrem Buch »Stadt der Tagebücher« den Schmerz des Verlustes, den ihre Freundin Eva nach dem Tod ihres Mannes empfindet: »Ich schreibe auf, was ich denke: daß Evas Schmerz wie der Schmerz eines Kindes nach dem Aufwachen ist. Sie hat die Unschuld ihres Lebens zu zweit verloren, die naive Gläubigkeit an Beschütztsein und Behütetsein. Sie empfindet den Tod ihres Mannes als Weggang, als einen Zerfall ihres Raums, der sie bisher so liebevoll umgeben hat. Jeden Tag verliert die einsam Gewordene ein wenig mehr von ihrer zuvor bewohnten Welt und muß versuchen, sich neu anzusiedeln. Noch ist alles unverwurzelt und bietet keine Sicherheit und Zuflucht.«

Psychologen und Psychotherapeuten wissen, wie hilfreich ein Tagebuch in schwierigen Lebenssituationen sein kann, wie hilfreich die kleinen alltäglichen Notizen des Lebens, der nächtlichen Träume und der Tagträume sein können, um wieder Anschluß an sich selbst und die Außenwelt zu finden. In vielen Therapien gehört das Tagebuchschreiben und das Malen als Bestandsaufnahme zum Verlauf der Therapie, damit der Klient wieder lernt, sein Lebensschiff zu steuern. Weder das Gemälde noch das Tagebuch müssen ein Kunstwerk sein. Vor diesem Anspruch sollten wir uns hüten. Das Tagebuch ist denn auch für die Schriftstellerin Marie Luise Kaschnitz ein Bekenntnisbuch, das zum Zwiegespräch mit sich selbst gehört, das zur Vorratskammer wird, in der jeder seine eigenen Schätze birgt, auf die er sich in schwierigen Lebenssituationen wieder besinnen kann.

## Verdrängung

»Ich fühl mich verdammt einsam, dachte die Quelle-Sammelbestellerin und entschied sich für die Bettwäsche mit dem Wolkenmotiv.« Dieser Satz, der in einer Marburger Kneipe auf die Toilettentür gekritzelt wurde, verweist auf eine allen bekannte Version, mit den Gefühlen der Einsamkeit umzugehen, nämlich Einsamkeitsgefühle und Trauer einfach zu verdrängen. Viele Menschen können über Verluste und Enttäuschungen in ihrem Leben nicht trauern und nicht weinen. Sie können sich dem Schmerz nicht stellen und wollen den Verlust einfach vergessen. Dies vielleicht, weil sie als Kinder nicht trauern durften. Haben sie gerade die Partnerin oder den Partner in ihrem Leben verloren, dann ist ihnen jede Ablenkung geradezu willkommen, um über das, was sie in ihrem Leben verloren haben, nicht nachdenken zu müssen. Kein Abenteuer, kein Amüsement ist ihnen zu teuer oder zu billig. Sie greifen nach jedem Strohhalm und halten ihn für einen Balken, der sie aus ihrer Not retten könnte. Der Strohhalm kann der Kauf neuer Klamotten sein, das kann die Arbeit sein, das können Alkohol, Tabletten und Drogen sein, der abendliche Gang in die Kneipen und in die Disco-Szene, das sexuelle Abenteuer. Eben der Rausch des Konsumierens, der Selbstbestätigung verspricht. Lieber meidet man die Zeiten des Alleinseins und versucht, vor den Gefühlen des Getrenntseins, der Verlassenheit und der Einsamkeit sich in ständig neue Aktivitäten zu flüchten. Auch das ist zunächst ein legitimer Versuch, mit Einsamkeitsgefühlen und den Verlassenheitsgefühlen nach einer Trennung umzugehen.

Karin war 27 Jahre alt, als ihr Mann durch einen Arbeitsunfall ums Leben kam. Über ihre Trauer und Einsamkeitsgefühle nach dem Tod ihres Mannes erzählt sie: »Unvorstellbar, daß der Mensch neben dir auf einmal nicht mehr da ist. Die erste Zeit nach Jürgens Tod habe ich versucht, so zu leben, als hätte sich nichts verändert. Nur daß ich sehr viel gemacht habe, immer rumwurschteln mußte, viel gearbeitet habe, um diese

Leere, die ich überall spürte, zu füllen. Irgendwann war ich ziemlich fertig. Ich bin damals viel in Kneipen gegangen. Ich wollte mich ablenken und neue Menschen kennen lernen. Nur in meinen Träumen, da war keine Ablenkung möglich. Eines Tages bin ich dann zusammengebrochen und wurde in eine psychosomatische Klinik eingewiesen.«
Die Flucht in die Arbeit, in ständig neue Aktivitäten und Abenteuer sollte nicht zum Dauerzustand werden, meint der Psychologe und Einsamkeitsforscher Eberhard Elbing. »Das sich selbst verordnete Rezept, an möglichst vielen Gemeinschaftsaktivitäten teilzunehmen, jeden Tag irgendeine Verabredung zu haben und ständig neue Kontakte zu knüpfen, löst nicht selbstverständlich die damit verbundene Hoffnung ein, der Einsamkeit entkommen zu können. Die Strategie, die Gefühle der Einsamkeit zu überwinden, kann auf Dauer nicht lauten, viel zu arbeiten und wahllos zu konsumieren.«

## Innere Unsicherheit

Psychologen unterscheiden zwischen der inneren und äußeren Einsamkeit bzw. zwischen sozialer und emotionaler Einsamkeit. Für Menschen, die unter ihrer sozialen Einsamkeit leiden, kann es durchaus sehr hilfreich sein, einem Verein beizutreten, sich Reisegruppen, einem Literatur- oder Singkreis anzuschließen, Vorträge zu besuchen, Yoga-Kurse zu absolvieren oder sich an den vielseitigen Kursangeboten der Volkshochschulen zu beteiligen. Hier können neue tragfähige Beziehungen entstehen, wenn die Kontakte weiterhin gepflegt werden. Aber Menschen, die unter ihrer inneren Einsamkeit leiden, weil sie keine empathische Bindung zu ihrem Selbst haben, sich selbst kein guter Freund sind, werden sich auch in solchen Kreisen immer noch einsam fühlen. Es wird ihnen kaum gelingen, ihre Kontakte gut zu pflegen. Wer sich innerlich einsam fühlt, neigt dazu, Verabredungen nicht einzuhalten, ihnen auszuweichen, weil er sich gerade nicht besonders gut fühlt. Dem Einsamen ist die Vorstellung völlig fremd, daß die Bekannten oder die Freundin, die ihn zu einem Fest eingeladen haben, auch wirklich auf ihn warten. Innerlich einsame Menschen glauben von sich, unwichtig und entbehrlich für ihre Mitmenschen zu sein. Sie leiden nicht nur an ihrer Einsamkeit, sie leiden an ihrer inneren Unsicherheit. Für solche Menschen ist therapeutische Hilfe angesagt. Sie werden ihr Leiden an der Einsamkeit und ihrer Unsicherheit sonst nur unnötig verlängern.

»Weil man es halt nicht so richtig hingebracht hat, nicht gepackt hat, wird man von den anderen verlassen, da zieht man sich lieber gleich selbst zurück«, meint Carla. Eine solche Einstellung zum Leben bestärkt die Einsamkeitsgefühle und führt zu einer noch größeren sozialen Isolierung. Indirekt erwarten einsame Menschen, was sie sich selbst nicht zutrauen, nämlich daß die Mitmenschen auf sie zugehen. Diese Einstellung kann in der frühen Kindheit begründet sein.

Kinder, die in ihrer frühen Entwicklung eine wichtige Bezugsperson verloren haben, leiden oft auch als Erwachsene noch unter dem Abbruch dieser Beziehung. Wer als Kind kein gutes und stabiles Selbstwertgefühl entwickeln konnte, weil die liebenden Blicke und die emotionale Zuwendung der erwachsenen Bezugspersonen fehlte, neigt auch in späteren schwierigen Lebenssituationen dazu, sich selber zu verlassen und sich von aller Welt verlassen zu fühlen. Gerade in biographischen Umbruchsituationen werden solche Menschen das Alleinsein schwerer verkraften als andere. Weil sie mit sich selbst so wenig in Einklang leben, sind sie nicht mit ihren inneren Möglichkeiten vertraut, die es ihnen erlauben, ihre Situation zu verändern (vgl. Kapitel II). Der wichtigste Schritt aber besteht nach Ansicht vieler Einsamkeitsforscher darin, die Angst vor Neuem zu verlieren.

Menschen, die sich innerlich einsam fühlen, wissen im Grunde genau, was sie an ihrem Verhalten ändern müßten. Sie glauben jedoch nicht an ihre Fähigkeiten, tiefere emotionale Bindungen zu anderen Menschen herstellen zu können.

Auf wohlmeinende Ratschläge, sich einem Verein anzuschließen oder ein Ehrenamt zu übernehmen, reagieren sie mit dem Hinweis: ›Das kann ich nicht.‹ Mit ihrem Vermeidungsverhalten, das auf früh gelernter Hilflosigkeit beruht, stehen sie sich selbst im Weg. Denn wir brauchen stabile Freundschaften und Aufgaben, die unser Leben strukturieren, um uns nicht einsam zu fühlen.

Aus vorübergehenden Einsamkeitsgefühlen in schwierigen Lebenssituationen kann ein Dauerzustand werden, der mit schweren Depressionen einhergeht. Die Folgen der Depression sind häufig mit psychosomatischen Störungen verbunden, mit Gefühlen innerer Leere und Resignation. »Man fühlt sich innerlich wie gelähmt und fragt sich, lohnt es sich überhaupt zu leben?« Burkhard, der das sagt, versucht die ›schwarzen Löcher‹, in die er dauernd fällt, und das Gefühl, ›innerlich gelähmt‹ zu sein, mit Alkohol zu überwinden. »Wenn ich trinke, geht es mir wirklich besser, dann sehe ich alles irgendwie positiver und glaube wieder an mich. Am nächsten Tag habe ich aber einen seelischen Kater, dann geht alles wieder neu los.« Die Signale der Depression, psychosomatische Störungen, der Griff zur Flasche oder zur Tablettenschachtel, all dies ist sehr ernst zu nehmen. Auch wenn Einsamkeitsgefühle keineswegs pathologischer Natur sind, ist in solchen Fällen dringend ärztliche oder psychotherapeutische Hilfe angesagt. Doch glauben viele der Betroffenen, sie müßten ihre Depressionen selbst überwinden oder wenn sie nur wollten, könnten sie zu jeder Zeit auf Alkohol und Tabletten verzichten. Leider ist das aber oft nur eine Illusion.

Unsere Psyche ist in jedem Alter lern- und anpassungsfähig, und sie verfügt – wie unser Körper – über ein großes Potential an Selbstheilungskräften. Wir können diese Quellen in uns selbst wieder entdecken. Manchmal ist das nicht allein zu schaffen. Das ist keine Schande. Eine Therapie kann helfen, daß wir mit den Selbstheilungskräften in uns wieder in Verbindung kommen. Im Schutz der psychotherapeutischen Beziehung können wir lernen, unsere schwachen, verletzlichen

Seiten als Teil unseres Wesens zu akzeptieren. Wir können lernen, daß wir sie nicht mehr bekämpfen müssen. Allein diese Erfahrung kann all die Energien in uns freisetzen, die zuvor in der Depression gebunden waren. So ist es möglich, wieder einen Anfang zu wagen, das Leben in kleinen Schritten neu zu gestalten.

Oft können Menschen für ihre zeitweiligen Einsamkeitsgefühle keinen triftigen Grund nennen. Sie sind ja gar nicht allein, sondern haben Freunde und Bekannte und stehen in Verbindung mit ihrer Herkunftsfamilie. Trotzdem fühlen sie sich oft einsam. Etwas scheint zu fehlen: die geistige und seelische Verbindung zu anderen, die gleiche Wellenlänge, wie es heute heißt, oder das Vertrauen. »Die meisten Menschen fühlen sich einsam, weil sie sich unverstanden fühlen. Die wahre Einsamkeit ist die ungewollte Einsamkeit. Weil jeder eben nur sein Ding macht, weil die Menschen nicht mehr die Geduld aufbringen, einander zu verstehen, fühlen sie sich einsam.« So sieht es auch die 30jährige Doro: »Weil man enttäuscht ist von anderen, erwartet man nichts mehr und will auch selbst keine Erwartungen mehr erfüllen. Man zieht sich innerlich zurück und verliert das Vertrauen.« Vertrauen in andere ist aber die wichtigste Essenz des Lebens. Dieses Vertrauen ist gleichsam die Grundlage unserer Existenz. Nur wenn wir anderen vertrauen, können wir unsere Zukunft planen und Zuversicht fassen. Wer glaubt, niemandem vertrauen zu können, wer sich von anderen abschirmt, aus Angst vor Enttäuschungen oder aus Angst ausgenutzt zu werden, der vereinsamt und macht sich selbst das Leben unwirtlich oder gar zur Hölle.

Die pessimistische Sichtweise anderen Menschen gegenüber, von der Doro spricht, das Mißtrauen anderen gegenüber ist sicher ein Grund für die Einsamkeitsgefühle vieler Menschen. Niemand möchte von anderen als naiv und leichtgläubig abgestempelt werden oder sich selbst diesen Vorwurf machen. Die Balance zwischen gerechtfertigtem Mißtrauen und naiver Leichtgläubigkeit zu finden ist nicht leicht. Durch den Konkurrenzdruck in unserer Gesellschaft, der schon in der

Schule beginnt, wird das Mißtrauen anderen gegenüber verstärkt. Unabhängigkeit, Selbstverwirklichung, Individualität und Leistung, das sind die Werte, die in unserer Zeit emotional hoch besetzt sind, die sich aber offenbar mit tieferen, vertrauensvollen Beziehungen zu anderen nur schwer vereinbaren lassen. Jeder ist seines Glückes Schmied. Und jeder denkt, vertrau dir selbst und nicht dem Nächsten. Dieser moderne geistige Überbau verursacht die Einsamkeitserfahrungen des Menschen in der heutigen Zeit. Und jeder glaubt, mit seiner Einsamkeit ganz allein zu sein. So notiert es auch Paul, von dem schon die Rede war, in seinem Tagebuch.

*Paul – Lange Zeit habe ich gedacht, nur ich bin einsam*

20. Dezember
»Die meiste Zeit des Tages rede ich mit mir selbst. Was bist du für ein Mensch? Welchen Gebrauchswert hast du in diesem Leben? Das fängt schon am Morgen an, wenn ich mich rasiere, setzt sich fort, wenn ich Zeitung lese, geht so weiter, wenn ich in meinem Taxi sitze und die Gäste mit mir reden. Alles Selbstdarstellung und Gelabere, meistens jedenfalls. Die Männer stöhnen und brüsten sich gleichzeitig über ihren ausgebuchten Terminkalender. Sie wollen reden, weil sie selbst wahrscheinlich auch einsam sind. Ich höre höflich und schweigend zu, setze meinen inneren Monolog fort. Ich registriere ihren starren Gesichtsausdruck, ihre ineinander gekreuzten Arme, die über der Brust oder auf ihren Bäuchen liegen, die roten Flecken in ihrem Gesicht, ihre Augen, die überall und nirgends hinblicken. Ich denke, so will ich nicht werden. Mir sind die Fahrgäste lieber, die schweigen, und selbst die betrunkenen Fahrgäste, die weinerlich werden, sind mir lieber, die sind manchmal wenigstens ehrlich.

25. Dezember
Weihnachten. Die Zeit für Selbstmordgedanken. Die Zeit für Selbstmorde. Wie gut, daß ich in diesen Tagen meinen Merce-

des-Schlitten fahren kann. Ich komme nicht auf dumme Gedanken. Viele meiner Kollegen denken auch so. Ich weiß das inzwischen. Lange Zeit habe ich gedacht, alle anderen sind besser dran als ich. Nur ich bin einsam. Welche Selbstüberschätzung! Was ich schlimm finde: Die meisten Menschen versuchen, sich gegenseitig zu bluffen. Weil kein Mensch zu sagen wagt, daß er einsam ist, wird die Einsamkeit noch schlimmer.«

Von zeitweiligen Einsamkeitsgefühlen bleibt niemand verschont. Jeder Mensch, der einmal einen krassen Mißerfolg oder eine Reihe von Mißerfolgen durchlebt hat – sei es im privaten oder beruflichen Bereich – kennt das Gefühl der Einsamkeit. Es müssen nicht einmal besonders auffallende, gravierende Mißerfolge sein, die auch in unserem sozialen Umfeld als solche wahrgenommen werden, die Gefühle der Vereinsamung in uns erwecken. Zu der inneren Vereinsamung gesellt sich dann das Gefühl der sozialen Einsamkeit, das Gefühl der Scham und das Gefühl, nicht gemocht und nicht akzeptiert zu sein. Schon aus diesem Grund ist die Neigung des Menschen, vor seinen Einsamkeitsgefühlen zu fliehen, sie zu überspielen, nur allzu begreiflich. Meistens nützt es ihm nur wenig oder nur für kurze Zeit.

### Der ›turn-away-Effekt‹

Psychologen gehen davon aus, daß es einen auslösenden und verstärkenden Zusammenhang gibt zwischen den Verhaltensweisen einsamer Personen und den Reaktionen ihrer Mitmenschen. Der innere Rückzug, das damit verbundene gehemmte und kontrollierte Verhalten, das beständige Fassadenlächeln oder der Halt suchende Leidensblick einsamer Menschen sind auf Dauer für andere schwer zu ertragen. Weil sie selbst vor zeitweiligen Einsamkeitsgefühlen flüchten, wissen sie einfach nicht, wie sie sich dazu verhalten sollen, und gehen lieber auf Distanz.

Nur wenige Freunde und Bekannte zu haben, nicht dauernd unterwegs zu sein, das wird heute als Stigma betrachtet. Das paßt nicht so gut in das gesellschaftlich geprägte Bild einer unabhängigen und sozial kompetenten Person. Bei ihrem Metzger kaufen Alleinlebende nicht nur ein Schnitzel, sondern unnötigerweise gleich zwei oder drei, um zu demonstrieren, daß sie auch als Einzelperson nicht alleine sind. Die Quantität und nicht Qualität der Beziehungen scheint zu zählen. »Wer allein ist, der ist irgendwie selber daran schuld, so denken doch die anderen, allmählich glaube ich selbst daran«, sagt Tamara. Ähnlich wie Tamara geht es auch vielen anderen Menschen. Aber stimmt ihre Wahrnehmung?

Die in unserer Gesellschaft weit verbreitete Annahme, einsame Menschen seien selbst schuld an ihrer Situation, entbehrt jeglicher Grundlage. Das jedenfalls ist das Ergebnis verschiedener Studien zur Einsamkeitsforschung. »Doch kann das gesellschaftlich geprägte Bild der Schuld an der Einsamkeit leicht zum Selbstbild werden«, gibt der Psychologe Eberhard Elbing zu bedenken.

Da in unserer Gesellschaft das Alleinsein eher negativ bewertet wird, fällt es den Betroffenen schwer, ihr Alleinsein und ihre Einsamkeitsgefühle anzunehmen und sich konstruktiv damit auseinanderzusetzen. Daraus entsteht nicht selten der in den vorangegangenen Seiten erwähnte Teufelkreis: Wer allein ist und sich einsam fühlt, der wird es bleiben. Einsamkeitsforscher sprechen vom ›turn-away-Effekt‹. Wir wenden uns ab und wollen nicht so genau hinblicken, weder auf unsere eigenen Einsamkeitsgefühle und ihre Ursachen noch auf die anderer Menschen. Mit Menschen, die sich einsam fühlen, will man auf Dauer lieber nichts zu tun haben, so als könnte etwas von ihnen abfärben auf unsere eigene Befindlichkeit. Und derjenige, der sich gerade einsam fühlt, will niemanden belästigen und langweilen. Lieber bleibt er allein vor dem Fernseher oder zieht die Anonymität einer Kneipe oder Disco vor, als sich wirklich in die Gesellschaft anderer zu begeben.

»Es ist nicht sehr angesehen in unserer Gesellschaft, sich als bedürftiger, einsamer Mensch anderen Personen mitzuteilen. Viele Menschen schrecken davor zurück. Sie möchten gerne glänzen und glauben, ihr Gesicht zu verlieren, wenn sie sich auch mit ihren Schattenseiten und Problemen anderen offenbaren. Das macht die Menschen einsam«, sagt die Psychologin und Gesprächstherapeutin Greta Petersen. »Allein die Vorstellung des Nichthabens oder die Vorstellung des Nichtkönnens und Nichtwissens macht manchen Menschen so viel Angst, daß sie es vorziehen, mit dieser Angst alleine zu bleiben.«
Das Eingeständnis, etwas nicht zu können, etwas nicht zu wissen oder an einem Problem im Beruf oder im privaten Leben einmal gescheitert zu sein, erscheint gerade den Menschen, deren Selbstwertgefühl sich in der Kindheit nicht gut entwickeln konnte, wie ein Offenbarungseid. Doch ohne das Eingeständnis eigener Unzulänglichkeiten ist es nicht möglich, die erstarrten, gefühllosen, scheinbar sinnlosen Beziehungen zu unseren Mitmenschen in eine andere Richtung zu lenken und sie so zu gestalten, wie wir es uns wünschen.

## Minderwertigkeitsgefühle überwinden – oder: Der Weg ist das Ziel

Wenn wir unsere eigenen Grenzen nicht wahrnehmen können, können wir meistens auch die Grenzen der anderen nicht richtig wahrnehmen. Wenn wir andere idealisieren und uns selbst klein machen, kann daraus schnell ein umgekehrter Prozeß werden. Mit der großen Idealisierung von Personen, die uns nahe sind, können wir auf Dauer nicht leben. Um unser seelisches Gleichgewicht wiederherzustellen, wird eine kleine Enttäuschung zum Anlaß genommen, die idealisierte Person abzuwerten, sich von ihr zurückzuziehen. So fühlen wir uns in unserem Alleinsein und in unserer Einsamkeit bestätigt.

Das Gefühl, ich bin nichts wert, ich kann nichts, die anderen sind besser als ich, trennt uns von den anderen und macht uns einsam. Andererseits sind unsere Minderwertigkeitsgefühle, die gelernte Hilflosigkeit – ›Ich kann das nicht‹ – wie alte Bekannte, von denen wir nicht gerne Abschied nehmen. Wir haben quasi gelernt, mit diesen bedrückenden Gefühlen zu leben. Wir leiden darunter und können uns doch nicht von ihnen trennen, weil sie uns einen gewissen Schutz bieten. Unbewußt verschanzen wir uns dahinter, um uns vor neuen Enttäuschungen und Zurückweisungen zu bewahren, denen wir uns nicht gewachsen fühlen. Aber eben diese Minderwertigkeitsgefühle behindern uns, den Versuch zu wagen, etwas in unserem Leben wirklich zu verändern. Wir bleiben verstrickt in den alten Verhaltens- und Gedankenmustern und können so keine neuen Erfahrungen machen. Wir bleiben in einem Erfahrungsvakuum stecken, das unsere Weiterentwicklung verhindert. In diesem Erfahrungsvakuum bleibt unser Lebensgefühl zwangsläufig grau und leer.

Allerdings, kein Mensch kann sich von seinen Minderwertigkeitsgefühlen von einem zum anderen Tag befreien. Ein Weg der kleinen Schritte zur Veränderung ist hier angezeigt. Denn alles, was zu Ende geht, kann ein neuer Anfang werden. »Der Weg ist das Ziel«, lautet eine fernöstliche Weisheit. Auch in unserer westlichen Kultur, die mehr auf Aufklärung und Rationalismus setzt, finden wir diesen Gedanken wieder. Franz Kafka schrieb: »Wege entstehen dadurch, daß wir sie gehen.« In unserer heutigen Gesellschaft scheint es jedoch so zu sein, daß viele Menschen lieber auf das Entfernteste losgehen, um ihrem Gefühl der Einsamkeit zu entkommen. Es scheint für sie der leichtere Weg zu sein, die Möglichkeiten der Öffentlichkeit zu nutzen, um ihre Hemmungen zu überwinden, als sich anderen in ihrer sozialen Bedürftigkeit zu zeigen. Anstatt Wege aus ihrer Einsamkeit in ihrer Nähe zu suchen, wenden sie sich an die anonyme Öffentlichkeit. Sie schreiben keinen Brief an den Freund oder die Freundin. Sie greifen auch nicht zum Telefon, um den Freund oder die

Freundin anzurufen. Lieber schreiben sie einen Brief an den Ratgeber der Regenbogenpresse Dr. X. Sie rufen Domian oder Frau Lämmle an, wenn sie sich mit ihren Lebensproblemen einsam fühlen. Zu später oder nächtlicher Stunde hören ihnen nicht nur Domian oder Frau Lämmle aufmerksam zu. Plötzlich hören ihnen Millionen Menschen zu, die ebenfalls allein vor dem Bildschirm sitzen. Dieses phantastische Erlebnis des Augenblicks, die eigene Stimme in den Äther geschickt zu haben, dies mit der Gewißheit, von Millionen anderen gehört zu werden, ist sicher ein mutiger Schritt, der zudem von dem Erfolg gekrönt ist, endlich einmal die aufmerksame Zuwendung von anderen zu bekommen, die wir alle im Leben so notwendig brauchen. Aber was bleibt nach dem ›Fernsehgespräch‹, wenn Zeit darüber vergangen ist? Können die Anruferinnen und Anrufer die kompetenten Denkanstöße und Hinweise auf eigene Schwächen und eigenes Fehlverhalten, so wie sie Domian und Frau Lämmle geben, in ihr Leben integrieren? Oder fühlen sie sich noch einsamer, weil sie diese Denkanstöße nicht verwirklichen können? Diese Fragen müssen hier offen bleiben. Es gibt in diesem Bereich noch keine Forschungen. Jeder Mensch, der sich an einer solchen Fernsehsendung beteiligt hat, kann diese Frage nur für sich allein beantworten.

In einer Studie ›Öffentlichkeit als Therapie?‹, die u. a. nach dem Sinn und Nutzen für die Beteiligten fragt, die in den ebenso zahlreichen wie umstrittenen TV-Talkshows einen ›Seelenstriptease‹ wagen, kommt die Psychologin Andrea Claudia Hoffmann zu dem Schluß, daß solche Medienangebote den einzelnen Menschen helfen können, ihre persönlichen Ressourcen zu aktivieren. »Talkshows«, so sagt sie, »tragen dazu bei, daß Menschen lernen, ihre ganz persönlichen Probleme zu verbalisieren. Sie senken die Hemmschwellen der Menschen, sich professioneller Hilfe anzuvertrauen.«

## Wovor schützt mich die Einsamkeit und das Alleinsein?

Ohne sich selbst zu hinterfragen – ›Wovor schützt mich das Alleinsein, der Rückzug in die innere Einsamkeit?‹ ›Warum brauche ich das Alleinsein?‹ – können weder der Leidensdruck noch die Erfahrung des Mangels und der inneren Leere, all die negativen Gefühle, die mit der Einsamkeit einhergehen, überwunden werden. Ohne sich selbst kritisch zu befragen, wird niemand die Nützlichkeit des zeitweiligen Alleinseins und der Einsamkeit erkennen. Einsamkeit hat viele Gesichter, Schatten- und Lichtseiten. Sigmund Freud spricht in seinen Studien zur ›Hysterie‹ und seinem Werk ›Hemmung, Symptom und Angst‹ von einem neurotischen ›Krankheitsgewinn‹ bzw. von einem Leidgewinn. Mit dem ›Krankheitsgewinn‹ bezeichnet er ganz allgemein jede direkte oder indirekte Befriedigung, die ein Subjekt aus seiner Krankheit oder Neurose zieht. Auch wenn Einsamkeit gewiß keine Krankheit ist, erhellen seine Überlegungen über den ›Krankheitsgewinn‹ die Situation vieler Menschen, die einsam und allein sind. Einsamkeit, auch wenn sie noch so schmerzvoll erfahren wird, kann demnach als ein Symptom gesehen werden, das dem Subjekt erlaubt, Konflikte zu umgehen, die ihm peinvoller erscheinen als das Symptom selbst. Übertragen heißt das, der Mensch flüchtet sich in die Einsamkeit und verharrt in diesem Gefühl, um eine Veränderung seiner Beziehungen zur Umwelt zu vermeiden, die ihm zu beschwerlich vorkommt. Wer diese Überlegungen für sich annimmt und sich ihnen stellt, wird darin nicht nur die Ursache seiner Einsamkeitsgefühle, sondern auch ihren Nutzen, ihre Schutzfunktion entdecken und weniger unter ihnen leiden.

Es gehört zu unseren Lebensaufgaben herauszufinden, wer wir sind, und zu erkennen, von welchen bewußten und unbewußten Erwägungen und Wünschen unser Leben geleitet wird. Nur so wird es uns möglich sein, unseren Lebensplan zu verwirklichen oder – wie Vanessa sagt – ›das Lied unseres

Lebens zu komponieren‹. Dazu gehören auch Zeiten des Alleinseins.
Wie es Menschen möglich ist, konstruktiv mit dem Alleinsein und zeitweiligen Einsamkeitsgefühlen umzugehen, diese Frage beschäftigte die kanadische Psychologin Ami Rockach. In einer breit angelegten Studie befragte sie dazu 526 Männer und Frauen im Durchschnittsalter von 33 Jahren. Ihr Ergebnis: Die meisten der Befragten gaben an, daß sie in einsamen Lebenssituationen ihrem gewohnten Alltagsleben nachgehen, ohne sich jedoch von der Einsamkeit abzulenken. Sie akzeptieren ihr Alleinsein. Sie versuchen darin einen Sinn zu sehen und das Alleinsein in eine kreative Abgeschiedenheit umzuwandeln. Vor allem nutzen sie die Zeiten des Alleinseins, um über sich selbst nachzudenken und herauszufinden, was sie daran hindert, ein erfülltes Leben zu führen und neue Kontakte zu anderen aufzubauen, Kontakte, die nicht nur an der Oberfläche bleiben, sondern auch langfristige, tiefere Bindungen erlauben. In der Akzeptanz der zeitweiligen Einsamkeit liegt demnach ein Schlüssel zum Erfolg, sie zu überwinden.

## Fragen an uns selbst

Solange wir zu wenig über uns selbst wissen und nicht bereit sind, über eigene Schattenseiten und Unzulänglichkeiten nachzudenken, uns wirklich mit ihnen zu konfrontieren, werden wir all die ungelösten Probleme unseres Lebens in jede neue Beziehung mit anderen Menschen hineintragen – in intime und freundschaftliche Beziehungen, in die Beziehungen mit Kolleginnen und Kollegen.
Wenn zu dem Gefühl des Alleinseins auch das Gefühl hinzukommt, die anderen meiden mich, dann kann ein Logbuch helfen, unsere augenblickliche Verlust- und Mangelsituation zu klären.
Stellen wir uns vor, wir sind verantwortlich für ein Schiff, un-

ser Lebensschiff. Und wir wollen es heil über das Meer in seinen Bestimmungshafen bringen. Dazu ist es selbstverständlich notwendig, daß zunächst eine Bestandsaufnahme über die Beschaffenheit und den Zustand des Schiffes angefertigt werden muß. Stellen wir uns für dieses Logbuch zunächst folgende Fragen, die der Selbsteinschätzung und Selbstbeobachtung dienen können:

o Was fehlt mir in meinen Kontakten zu anderen Menschen? Habe ich das Gefühl, meine Kontakte zu anderen sind nur oberflächlich? Falls das so ist, woran könnte das liegen?

o Fühle ich mich zur Zeit besonders verletzlich? Warum fühle ich mich verletzlich? Wie reagiere ich, wenn ich mich verletzt fühle? Ziehe ich mich zurück?

o Glaube ich, von den anderen zu wenig beachtet zu werden? Fühle ich mich dadurch gekränkt und unverstanden? Falls ja: Wann und in welchen Situationen ist das gewesen? Was kann ich daran ändern?

o Bin ich anderen gegenüber mißtrauisch? Wenn ja, woher kommt dieses Mißtrauen?

o Habe ich Freunde und vertraue ich ihnen? Warum vertraue ich ihnen?

o Wie gehe ich mit Freundschaften um? Pflege ich sie, oder erwarte ich, daß andere auf mich zugehen?

o Welche Erwartungen stelle ich an die Freunde, an mich selbst und andere? Sind meine Erwartungen nicht zu hoch? Bin ich bereit, meine Erwartungen an mich und andere zu verändern?

o Wo liegen meine Grenzen, und wo sind die Grenzen des anderen? Kann ich die Grenzen meiner Mitmenschen erkennen und akzeptieren? – Kann und will ich meine Grenzen erweitern?

o Kann ich über meine Gefühle – Freude, Angst, Scham, Ärger, Wut, Ohnmacht, Enttäuschung und Traurigkeit – reden, oder verschweige ich sie lieber, weil ich glaube, nicht verstanden und akzeptiert zu werden?

o Wovor schützt mich meine soziale Einsamkeit?

o Bin ich bereit, auf andere zuzugehen, oder erwarte ich, daß andere auf mich zukommen?

o Habe ich Angst vor Zurückweisung, und verhalte ich mich deshalb lieber still und passiv? – Passe ich mich deshalb lieber vorschnell an vermeintliche Erwartungen anderer an?

o Fühle ich mich einsam, weil ich Minderwertigkeitsgefühle habe? Warum fühle ich mich minderwertiger als andere?

o Wie berechtigt sind meine Minderwertigkeitsgefühle? Was kann ich tun, um meine Minderwertigkeitsgefühle zu relativieren und mich besser zu fühlen?

o Wie kompensiere ich meine Minderwertigkeitsgefühle? – Kaufe ich mir ständig neue Klamotten? Brauche ich öfter einen ›Drink‹?

o Haben mir diese Kompensierungsmittel geholfen?

o Was könnte ich tun, um mein Selbstwertgefühl zu verbessern?

o Vergleiche ich mich ständig mit anderen, von denen ich glaube, daß es ihnen besser geht als mir, weil sie erfolgreicher sind? Glaube ich, daß sie mehr Glück im Leben hatten? Glaube ich, daß ihnen der Erfolg im Leben schon durch ihre Herkunftsfamilie mit in die Wiege gelegt wurde?

o Welche Träume habe ich, was sich in meinem Leben ändern müßte, damit ich mich nicht einsam fühle?

o Sind meine Träume und Wünsche ganz eng an andere Personen gebunden?

o Wie abhängig fühle ich mich von der Fremdeinschätzung und Kritik anderer Personen? – Kann ich sie akzeptieren und überdenken, oder kränkt sie mich so sehr, daß ich mich sofort zurückziehe?

o Was kann ich dazu tun, um mir meine Träume und Wünsche selbst zu erfüllen – und mir selbst Gesellschaft zu leisten und mir ein guter Freund zu sein?

Wer diese Fragen – die sich individuell beliebig ergänzen oder ganz neu gestalten lassen – für sich in seinem Logbuch beantwortet, wird in den Antworten bereits selbst Anregungen finden, was zu tun ist, um die Einsamkeitsgefühle nicht zum Dauerzustand werden zu lassen, und an welchen Stellen das Selbstbild, das bisherige Selbstkonzept und die Erwartungen anderer einiger Korrekturen bedürfen. Es kommt darauf an, wie wir uns selbst und unsere Probleme betrachten. Geben wir den negativen oder den positiven Seiten des Lebens mehr Gewicht? Vergessen wir das Positive? Vergessen wir das, was wir schon erreicht haben in unserem privaten Leben und in unserem Beruf? Glauben wir, das reicht noch nicht, weil andere es ja zu mehr gebracht haben? Um in einem anderen Bild zu sprechen, heißt das: Wir können ein Glas mit einem Getränk, das vor uns steht, als halb leer oder als halb voll ansehen. Wir können es als unser ›Lebensglas‹ betrachten. Wenn wir z. B. glauben, ohne einen Partner, ohne eine Partnerin nicht glücklich werden zu können, werden wir uns weiterhin einsam fühlen. Unser Lebensglas bleibt dann halb leer. Sobald wir aber an diesem Selbstkonzept etwas verändern und uns sagen, auch ohne eine Liebesbeziehung bietet das Leben genug für mich, werden wir uns schon weniger einsam fühlen. Wenn wir unseren Freundes- und Bekanntenkreis nicht pflegen, auf andere nicht zugehen können, weil wir uns gerade mal wieder schlecht fühlen, müssen wir irgendwann damit rechnen, daß sich auch die Freunde von uns abwenden. Wir sollten deshalb auch in Zeiten, in denen es uns schlecht geht, unsere Freunde ansprechen. Besser, sie wissen, was mit uns los ist, sie wissen etwas über unsere Befindlichkeit, als daß sie gar nichts mehr von uns hören. Ehe wir uns ganz zurückziehen, sollten wir versuchen, über unsere augenblicklichen Schwierigkeiten zu sprechen. Das muß nicht ins Detail gehen. Meistens werden wir erfahren, daß wir mit unseren Problemen gar nicht so einsam dastehen, daß es der anderen Person auch gerade nicht gut geht, daß sie selbst mit einem Problem nicht fertig wird. Wir sollten es auch sagen, wenn wir eine Zeit des Alleinseins brauchen. Denn ohne diese Informationen werden unsere Freunde unseren Rückzug selbst als Zurückweisung erleben und darüber gekränkt sein.

So sehr wir manchmal Zeiten des Alleinseins brauchen, sosehr brauchen wir auch den Kontakt, die Gemeinsamkeit und die liebevolle Nähe zu anderen Menschen. »Liebend überwindet der Mensch sein tiefes, existentielles Gefühl der Abgetrenntheit, der Einsamkeit, der Entfremdung von sich selbst. Er kann plötzlich Ich sagen, weil er Du sagen kann«, schreibt Hans Jürgen Schulz in dem Buch »Trennungen«. Und das gilt sicher nicht nur für Paarbeziehungen. »Die Freunde umarmen, das ist Gott«, so heißt es bei Euripides.

Um der Einsamkeit das selbst auferlegte Stigma sozialer Inkompetenz zu nehmen, ist es notwendig, daß wir uns mit den Ursachen und den Gefühlen, die uns einsam machen, konfrontieren und vertraut machen. Manchmal sind die Ursachen und unsere Gefühle ja durchaus berechtigt. Nur, wir dürfen uns nicht in diesen Gefühlen ausruhen, sie zur Quelle unseres Leidens werden lassen. Einsamkeitsgefühle, die auf einem Mangel an Selbstwertgefühl beruhen, müssen nicht passiv hingenommen werden. Einsamkeitsforscher haben festgestellt, daß sich die Gedanken der Menschen, die sich einsam fühlen, ständig im Kreis bewegen. Es sind oft Gedanken, die ihr Vermeidungsverhalten, auf andere zuzugehen, beständig rechtfertigen, die durch die Ideologie unserer Gesellschaft ihre Nahrung finden. Im folgenden eine kleine Auswahl dieser Gedanken:

o Besser ich vertraue niemandem, sondern nur mir selbst.

o Andere denken auch nur an sich und sind nur auf ihren Vorteil bedacht. Warum sollte ich mich für andere engagieren?

o Ich halte mich besser zurück, dann kann ich nichts falsch machen.

o Niemand versteht mich. Anscheinend bin ich völlig anders als die anderen.

o Ich will andere mit meinen Problemen nicht belästigen, sonst blamiere ich mich nur.

o Wenn ich mich auf eine enge Bindung einlasse, gebe ich meine Unabhängigkeit auf, das könnte meiner Selbstverwirklichung und meiner beruflichen Karriere schaden.

o Jeder Partner oder jede Partnerin wird mich ja doch wieder verletzen und enttäuschen.

o Ich will nicht mehr riskieren, von anderen verletzt zu werden.

Gedanken dieser Art dienen zwar zunächst dem Selbstschutz, aber sie können den Menschen auch in seiner inneren Einsamkeit gleichsam wie in einem Gefängnis halten. In der Tretmühle negativer einsamer Gedanken wird das Ich zum alleinigen Bezugssystem. Ähnlich wie der Jüngling Narziß aus der griechischen Mythologie verzehrt sich der einsame Mensch in der Liebe zu seinem eigenen Spiegelbild. Dies nicht etwa, weil er selbstsüchtig und egoistisch wäre, sondern weil er sich und anderen nicht mehr vertraut. Oder um es mit Goethe zu sagen:

»Wer sich der Einsamkeit ergibt,
Ach! der ist bald allein;
Ein jeder lebt, ein jeder liebt
Und läßt ihn seiner Pein.«

Narziß weist die Liebe der einsamen Nymphe Echo zurück, weil er sie nicht versteht. Die Nymphe Echo kann ihrem Geliebten nicht antworten, wie sie es will, weil ihre Sprache versagt. Da sie von den Göttern dazu verdammt ist, nur das Echo der Worte anderer zu sein, wird sie nicht verstanden.
In der Welt des modernen Kapitalismus leben viele Menschen wie Narziß und Echo. Sie finden nur wenig Sicherheit in ihrer mitmenschlichen Umwelt und sind zurückgeworfen auf sich selbst. »Am schwersten leben die Leute«, heißt es bei Irmtraud Morgner in ihrem Roman »Amanda«, »die ohne Angst und ohne Beobachtungs- oder Geselligkeitsstützen gut und würdig sein wollen und / oder müssen. Die meisten Leute des Landes leben so.«

## Ausblick: Die positiven Seiten der Einsamkeit – gibt es sie?

Positiv gesehen, kann unsere zeitweilig empfundene innere und äußere Einsamkeit, selbst wenn sie noch so schmerzt – wie hier schon gesagt wurde – auf eine innere Umbruchsituation im Leben hindeuten. Etwas Neues in uns, bislang nicht wahrgenommene Seiten unseres Selbst drängen sich da in unser Bewußtsein und wollen wahrgenommen werden. Solche inneren Umbruchsituationen im Leben können, aber sie müssen nicht gleichzeitig mit äußeren Lebensveränderungen einhergehen. Etwa mit einem Wechsel des Wohnorts, der Trennung von anderen Menschen.
In seinem Buch »Einsamkeit« kommt der Psychologe Eberhard Elbing zu folgenden Überlegungen, die hier kurz zusammengefaßt dargestellt werden:

o Das Getrenntsein von anderen, das Bei-sich-selbst-Sein, das Sich-Zurückziehen sind Grunderfahrungen menschlicher Existenz. Dies gilt auch dann, wenn der einzelne Mensch sich dieser Tatsache nicht oder nur wenig bewußt ist.

o Die Stille und die Muße sind Voraussetzung für die individuelle Selbstfindung, die ihrerseits wiederum Vorbedingung ist, um auf andere Menschen eingehen zu können.

o Die Bereitschaft, sich den Mitmenschen zuzuwenden, setzt eine seelische und geistige Einstellung voraus, die sich nur ausbilden kann, wenn man den Menschen auch erlaubt, allein zu sein.

o Für-sich-Sein gehört zu jenen Formen der Lebensbewältigung, die oft als ›aufgesuchte Einsamkeit‹ bezeichnet werden und in denen es um Selbstfindung, Sinnerneuerung, Ruhe finden oder Sammeln von Energien für einen kreativen Neubeginn geht.

So verschieden die Ursachen zeitweiliger oder andauernder Einsamkeitsgefühle sind, weil sie subjektiv wahrgenommen werden, so unterschiedlich ist auch das Leiden an der Einsamkeit. So schreibt die Schriftstellerin Irmtraud Morgner: »Mir konnte Einsamkeit sogar gefallen, denn ich hatte erkannt und dann als gegeben hingenommen, daß der Mensch ein einsames Wesen ist. Keine Freundschaft erlöst ihn aus dieser Einsamkeit, keine Liebe, keine Gesellschaft. Wer die Gegebenheiten nicht sehen will, richtet unerfüllbare Erwartungen an seine Umwelt. Und die Schuld für alle Enttäuschungen, die so entstehen, wird dann beim Liebespartner gesucht oder beim Freundeskreis oder bei der sozialen Ordnung und letztlich bei sich selbst. Warum habe ich ausgerechnet nur immer Pech, warum muß ausgerechnet ich so einsam sein? ... Gewisse Gegebenheiten sollten nicht nur beklagt, sondern auch genossen werden können. Freilich sind dazu Fertigkeiten nötig, die die hiesige Kultur nicht vermitteln hilft.«
Andererseits haben Menschen zu allen Zeiten immer wieder bewußt das Alleinsein für sich gesucht: als Freiraum für Entscheidungen, als Weg zur Gottes- und Selbsterkenntnis, um schöpferisch tätig zu sein oder mit sich ins reine zu kommen.

Sie haben daraus Kraft und Erkenntnis geschöpft. Die Bejahung des Alleinseins und der Einsamkeitsgefühle ist ein altes Erfahrungsgut, nicht nur im östlichen, sondern auch im westlichen Kulturbereich. Wenn wir unsere Gefühle der Einsamkeit annehmen und akzeptieren können, werden wir die Zeiten des Leidens an der inneren und äußeren Einsamkeit, die damit einhergehenden Ängste und die Schwermut als einen Teil unseres Lebens- und Reifungsprozesses begreifen. Dennoch bleibt es die Hauptaufgabe des Menschen zu versuchen, Gemeinschaft herzustellen. Denn ohne die Gemeinschaft ist der Mensch verloren.

Einsamkeit ist kein Bedürfnis des Menschen. Vielmehr berühren die Einsamkeitsgefühle des Menschen seine existentiellen Ohnmachtserfahrungen. Dennoch oder vielleicht gerade deshalb wurde in der christlichen und östlichen Religion die selbst gewählte Einsamkeit immer wieder als hohe Tugend verklärt. Aber bei der Verklärung selbst gewählter Einsamkeit ist aus zweierlei Gründen Vorsicht geboten. »Geschmack an der Einsamkeit zu bezeugen kann so provozierend sein, wie in einer Abendgesellschaft bei reich gedeckten Tafeln zu fasten. Für den Enthaltsamen mag in dieser Situation noch eine Steigerung und ein besonderer Reiz von Askese enthalten sein, eine Bestätigung seiner Willensstärke und Selbstbeherrschung. Die anderen aber werden seine Haltung als anstößig empfinden, dazu angetan, ihrem Wohlbefinden einen Dämpfer zu versetzen.« Das schreibt der Literaturwissenschaftler Helmut Brall. Und weiter heißt es bei ihm: »Das ideologische Umschmieden von Ohnmachtserfahrungen in machtvolle Verweigerungsattitüden ist freilich ein charakteristischer Zug, den man an unterschiedlichen Einsamkeitsideen beobachten kann, zumal bei jenen, die aus einer pessimistischen Diagnose ihrer Gegenwartsgesellschaft erwachsen. Das Credo ihrer Verfechter lautet, daß das Wahre und Ganze nur jenseits des Allgemeinen, keinesfalls aber in der Masse realisiert werden könne.«

Viele Philosophen gerade der neueren Zeit, darunter auch

Karl Marx und Friedrich Nietzsche, haben in diesen Einsamkeitsideen eine grandiose Leistung des Menschen zur Selbsttäuschung gesehen, die Menschen offenbar brauchen, um sich vor ihren Ohnmachtserfahrungen, dem Gefühl, doch nichts bewirken zu können und nicht gebraucht zu werden, zu schützen. »Auch wer sich aus der Welt zurückzieht, nimmt die verzweifelnde Hoffnung mit, daß sich die Welt bei ihm zu seinen Konditionen einfinden möge. ... Der extreme Versuch aber, die Beziehung zur Welt mit sich selbst auszumachen, kann zerstörerische Folgen zeigen« (Helmut Brall). Und der Theologe Wilhelm Kamlah schreibt: »Der Einsame sehnt sich nach ... der Überwältigung durch eine Liebe, die von sich her und nicht von ihm selbst her seine Einsamkeit aufhebt.« Gerade dieser verständliche Wunsch ist meist zum Scheitern verurteilt. Der Mensch ist ein soziales Wesen. Aber wenn er seine Wünsche nach Geborgenheit und Halt in dieser Welt verwirklichen will, bleiben Enttäuschungen nicht aus. Immer wieder wird er Zeiten des Ungeborgenseins, Gefühle der Verlassenheit und Enttäuschungen erleben. Damit muß er leben. Er kann nur immer wieder den Versuch wagen, die Erlebnisse des Ungeborgenseins und Zeiten der leidvollen Einsamkeit in sein Leben zu integrieren. Nur so kann es ihm gelingen, in der Gemeinschaft mit anderen zu leben und diese für ihn so notwendige Gemeinschaft unter schwierigen Bedingungen neu zu schaffen.

»Es gibt eine Einsamkeit, mit der kann man sich wiegen. Arme gekreuzt, die Knie hoch gezogen; halten, festhalten, diese Bewegung besänftigt, im Gegensatz zu der eines Schiffes, und beruhigt den, der sich wiegt. Es ist eine innere Einsamkeit – fest umschlossen wie von einer Haut. Doch es gibt noch eine andere Einsamkeit, die umherschweift. Kein Wiegen kann sie niederhalten. Sie ist lebendig, unabhängig. Ein sprödes, sich ausbreitendes Ding, das das Geräusch der eigenen Füße beim Gehen wie von einem weit entfernten Ort kommen läßt.«

*Toni Morrison*

# Literaturverzeichnis


Rosa Ainley: »Ich habe ihr nie gesagt, daß ich sie liebe«, Deutscher Taschenbuch Verlag, München 1994;
Paul Auster: »Die Erfindung der Einsamkeit«, Rowohlt Verlag, Reinbek 1996;
Elisabeth Beck-Gernsheim: »Was kommt nach der Familie?« Beck-Verlag, München 1998;
Helmut Brall (Hrsg.): »Versuche über die Einsamkeit«, Keip Verlag, Frankfurt a. M. 1990;
Eberhard Elbing: »Einsamkeit«, Hogrefe, Göttingen 1991;
Erik H. Erikson: »Identität und Lebenszyklus«, Suhrkamp Verlag, Frankfurt a. M. 1973;
Sigmund Freud: Werkausgabe, Band 1 und 2, S. Fischer Verlag, Frankfurt 1978;
Erich Fromm: »Die Seele des Menschen«, Deutscher Taschenbuch Verlag, München 1988;
Helga Häsing, Ingeborg Mues (Hrsg.): »Du gehst fort, und ich bleib da«, Fischer Verlag, Frankfurt a. M. 1992;
Helga Häsing, Ludwig Janus: »Ungewollte Kinder« text-o-phon Verlag, Wiesbaden 1999;
Helga Häsing, Gunhild Gutschmidt: »Handbuch Alleinerziehen« Rowohlt Verlag, Reinbek 1992;
Helga Häsing: »Der neue Partner und das Kind«, text-o-phon Verlag, Wiesbaden 2000;
Helga Häsing, Herbert Stubenrauch, Thomas Ziehe (Hrsg.): »Narziß – Ein neuer Sozialisationstypus«, päd. extra buchverlag, Bensheim 1989;
Peter Stephan Jungk: »Exodus aus der Kindheit«, in: Hans Jürgen Schultz (Hrsg.), »Trennung«, Kreuz Verlag, Stuttgart, S. 72–81;
Verena Kast: »Trauern«, Kreuz Verlag, Stuttgart 1982;
Verena Kast: »Vom Sinn der Angst«, Herder Verlag, Freiburg im Breisgau 1996;
Verena Kast: »Der Schatten in uns«, Walter Verlag, Zürich / Düsseldorf 1999;
Wilhelm Kamlah: »Einsamkeit als Vernunft«, in: »Versuche über die Einsamkeit«, hrsg. von Helmut Brall;
Irmtraud Morgner: »Amanda«, Luchterhand Verlag, Darmstadt und Neuwied 1983;
Jeannette Lander: »Ich allein«, Autoren Edition, München 1980;

Helga Levend, Ludwig Janus (Hrsg.): »Drum hab ich kein Gesicht«, Echter Verlag, Würzburg 2000;
Toni Morrison: »Menschenkind«, Rowohlt Verlag, Reinbek 1996;
Robert Musil: »Die Verwirrungen des Zöglings Törleß«, Rowohlt Verlag, Reinbek 1975;
Sten Nadolny: »Die Entdeckung der Langsamkeit«, Piper Verlag, München 1991;
Ursula Nuber: »Der Mythos vom frühen Trauma«, S. Fischer Verlag, Frankfurt a. M. 1995;
Fritz Riemann: »Grundformen der Angst – eine tiefenpsychologische Studie«, Ernst Reinhardt Verlag, München 1993;
Renate Rubinstein: »Nichts zu verlieren und dennoch Angst – Notizen nach einer Trennung«, Suhrkamp Verlag, Frankfurt a. M. 1980;
Psychologie Heute – November 1997, Beltz Verlag, Weinheim;
Richard Sennet: »Der flexible Mensch – Die Kultur des neuen Kapitalismus«, Berlin Verlag, Berlin 1998;
Jürgen vom Scheidt u. Ruth Zenhäusern: »Alleinsein als Chance«, mvg Verlag, Landsberg am Lech 1997;
Anne-Marie Schlösser, Kurt Höhfeld (Hrsg.): »Trennungen«, Psychosozial-Verlag, Gießen 1999;
Hans Jürgen Schultz (Hrsg.): »Einsamkeit«, Kreuz Verlag, Stuttgart 1980;
Hans Jürgen Schultz (Hrsg.): »Trennung«, Kreuz Verlag, Stuttgart 1984;
Hans Jürgen Schultz (Hrsg.): »Angst«, Kreuz Verlag, Stuttgart 1987;
Helm Stierlin: »Haltsuche in Haltlosigkeit«, Suhrkamp Verlag, Frankfurt a. M. 1997;
Ilsabel von Viebahn: »Seelische Entwicklung und ihre Störungen«, Verlag für Medizinische Psychologie, Vandenhoeck & Ruprecht, Göttingen 1980;
Robert S. Weiss: »Trennung vom Ehepartner«, Klett-Cotta Verlag, Stuttgart 1980;
Joanne Wieland-Burston: »Einsamkeit«, Kreuz Verlag, Stuttgart 1995;
Natascha Wodin: »Die gläserne Stadt«, Rowohlt Verlag, Reinbek 1983;
Zeitdruck – Straßenmagazin von jungen Ein- und Aussteigern, Berlin.